脱自動車保有・脱運転免許のシステムへ

自動車カーシェアリングと自動運転という未来

仲尾謙二
Nakao Kenji

生活書院

はじめに――この本に書いてあること

多くのところで述べられているように、自動車は、今、大きく変わろうとしている。既にさまざまな分野、観点――自動運転技術、ＥＶの普及など燃料面での転換、高齢者の運転免許返納、ウーバーなど新しいサービスの普及、自動車産業界の将来動向などなど――からの検討がなされており、近年の新聞等メディアに、自動車の新たな動向に関する記事が掲載されない日はないといってよいほどである。

そうした中、本書は、これからの自動車のすがた、あり方について考える手がかりを得るために、二つのことに着目した検討を行う。その一つが「自動車保有」であり、もう一つが「運転免許制度」である。

自動車の利用は、これまで長い間、大きく二つのものに縛られてきた。その一つが「保有」であり、もう一つが「運転免許制度」である。しかし、自動車の急激な普及、すなわちモータリゼーションといわれる時期を経て、その後の成熟期を迎え自動車社会と呼ばれるようになり近年まで、この二つの、いわば「枷」なり「バリア」の存在について意識され検討されることは少なかった。これまでの半世紀を超える長い自動車利用の歴史において、自動車を利用するということは、教習所に通い運転免許を取得し、次に自動車を（多くの場合ローンを組んで）取得して、その取得した自動車＝自家用車を利用するということと、ほぼ同義であった。

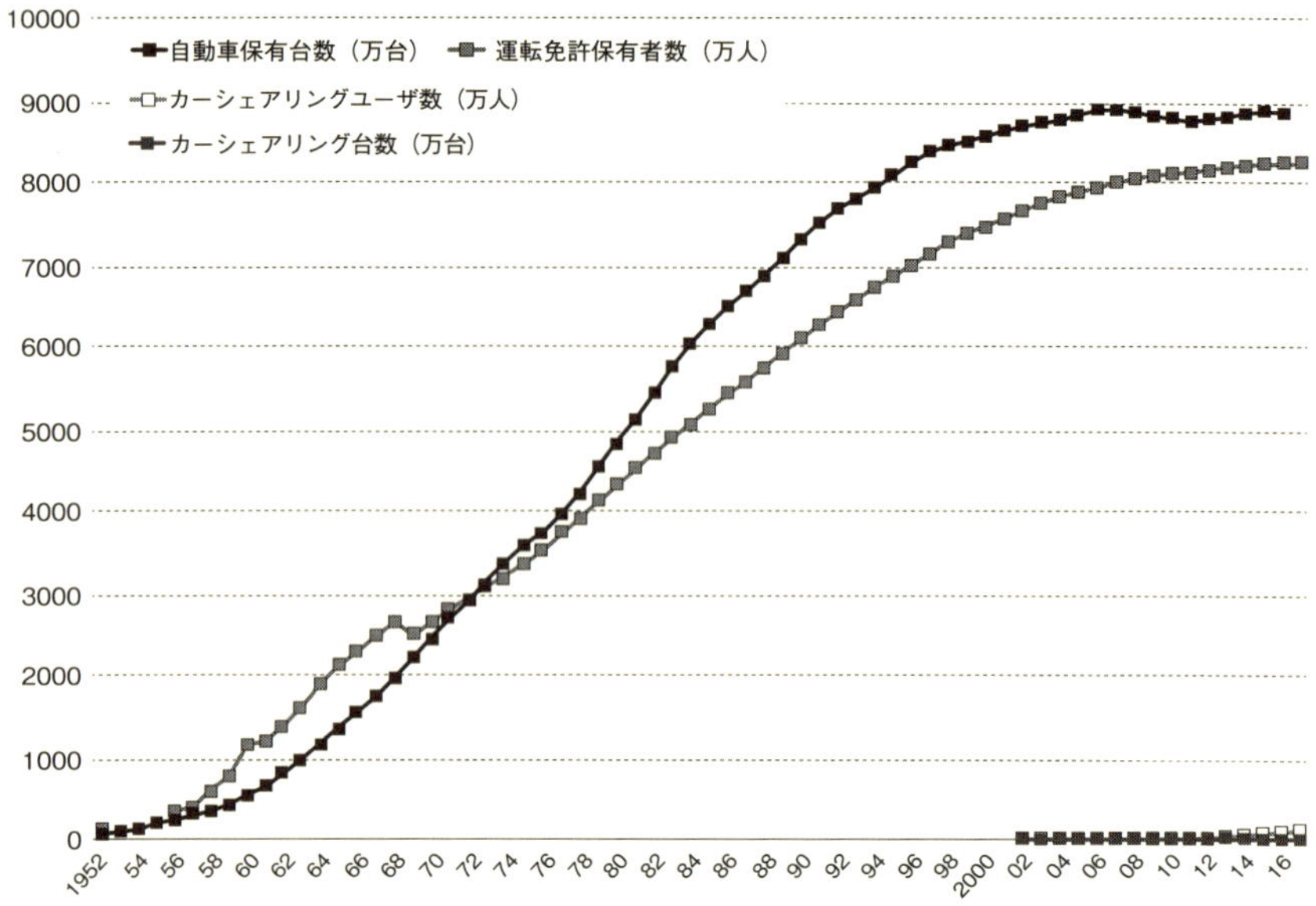

図0　自動車保有台数と運転免許保有者数とカーシェアリングの推移

自動車保有台数については国土交通省『自動車輸送統計年報』各年版、日本自動車工業会『自動車統計年報』各年版、総務省統計などから。運転免許保有者数については警察庁交通局（1968）、警察庁（2017）、鈴木（1974）から。カーシェアリングについては交通エコロジー・モビリティ財団調査資料から作成。

図0をご覧いただきたい。

右肩上がりの二つの線が、自動車保有台数と、自動車運転免許保有者数を示している。一九五二年から二〇一六年まで六〇年余の推移である（ともに二輪車、原動機付自転車〔原付〕のものを含んでいる）。

自動車保有台数は二〇一〇年頃に漸減があったものの概ね増加傾向にあり、九〇〇〇万台を少し下回るところまで来ている。運転免許保有者数については、一九五〇年代から一貫して増加している（一九六九年の減少は統計の手法が変更されたことによるもの）。一見して、自動車保有台数と運転免許保有者数という二つのグラフ線の長期間に及ぶ急激な増加が、モータリゼーションと呼ばれる現象の中心にあったことが見てとれるだろう。

次に図0の右下の部分をご覧いただきた

い。グラフの縦軸が（千万）単位なので、ほとんど読み取れないが、これがカーシェアリングのユーザ数と車両台数のグラフである。

拡大してみる。（図０‐１）

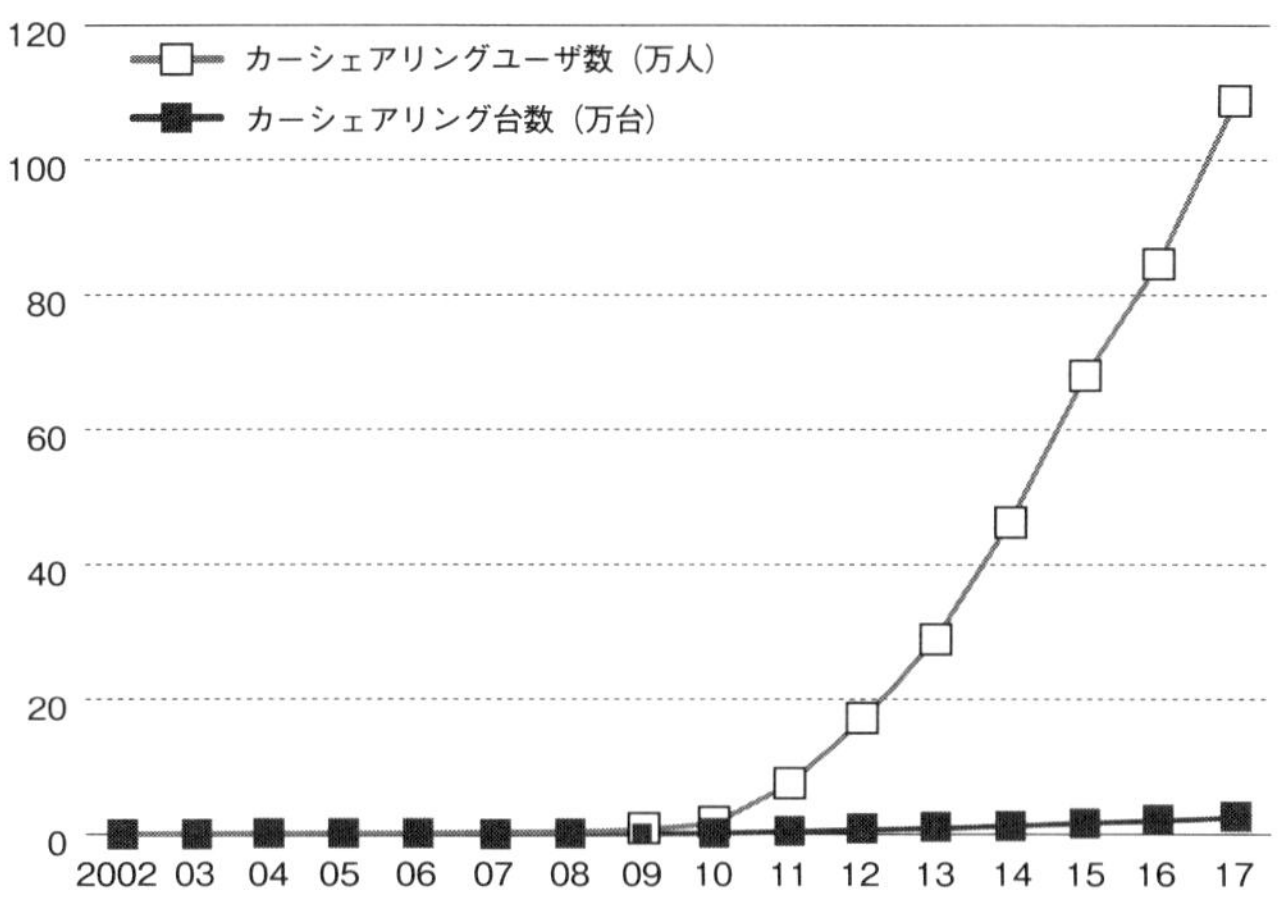

図０－１　カーシェアリング・ユーザと台数の推移

交通エコロジー・モビリティ財団調査資料から作成。

二〇〇二年から始まり、二〇一七年にはユーザ数が一〇〇万人を超え、車両台数は約二万五〇〇〇台になっている。自動車全体の規模からすると微少なものであるが、近年の増加の割合には著しいものがある。

あらためて見ていただくと、二〇〇二年以降、カーシェアリングのユーザ数はカーシェアリングの車両台数よりも多い。あたりまえのことと言われるかもしれないが、この利用者数が自動車の台数を上回っているという関係は、先に見た自動車保有台数と運転免許保有者数との関係でいうと、一九七〇年頃から近年まで――モータリゼーションの拡大から自動車社会が確立された時期――と逆の関係になっている。

カーシェアリングは、自動車利用の歴史において、いわゆるモータリゼーション以降の状況と本質的に異なる性格を有している。これまでの自動車利用における二つの大きな枷のうち、「自動車保有」に対して、大きな転換を示唆するのがカーシェアリングの動きであった。本書の大きな部分をこのカーシェアリングの正確な理解、評価のためにあてている。

一方、図0を再度みると一九五〇年から六〇年代においては、自動車保有台数より運転免許保有者数の方が多い時期があったことがわかる。運転免許保有者数よりも自動車保有台数が少ないということは、一家に一台というような自家用車の普及に至る前であり、本格的なモータリゼーションの進展の前段階ということである。

こうした時期に、どのような環境の中で人々が運転免許の取得に向かい、自動車の利用を始めていったのか。カーシェアリングの普及が進んでいるこの時期に、あらためて「自家用車というしくみ」が生まれた様子を詳しくながめることとしたい。

さらにこれまで、「自動車保有」とあわせて自動車利用のもう一つの前提となっていた「運転免許の保有」を転換させる可能性として、「自動運転技術」に関して検討したい。

図0でいうと、近年、八〇〇〇万人を超える者が何らかの運転免許を保有しており、自動車の利用はこの運転免許を保有していることが前提となっている。そのことを変える可能性を持つのが自動運転技術である。今はまだ可能性の段階と言わざるを得ないが、これから、すなわち図0のさらに右に進んでいくと、自動車運転免許保有者数のグラフの持つ意味合いが大きく変わってくることが予測される。ちょうどカーシェアリングが保有台数の意味合いを変えたように。

そこには、期待と危惧があり、それについて現時点で考えられることを検討する。

本書の構成は次のとおりである。

まず、第1部においてカーシェアリングを詳しく検討する。図0の右下にある、見えないような小さな動きである。その利用実態、普及要因などについて、過去の調査結果などから確認する。カーシェアリングというしくみを正確に把握し、評価することが、本書の一つの大きな目的である。利用者数と台数から考えると非常に小さな動きであるが、この小さな動きを正確に評価することによって、初めて見えてくるものがあるからだ。

第2部で、今度は自家用車について、特にその「始まり」の時期に着目して検討する。図0の左下の部分である。カーシェアリングの検討結果を前提としながら、カーシェアリングと自家用車利用との比較を正確に行うために、モータリゼーションのごく初期の時代まで遡り、自家用車を前提とした自動車利用＝「自家用車というしくみ」がどのように始まったのかを確認する。

具体的には、モータリゼーションの初期における運転免許の取得の様子や、自動車の利用環境や利用目的について、過去の資料から推測する。そして、自家用車利用とカーシェアリング利用の違いを比較することによって、自動車の「保有」ということがらが、これまでは無意識に前提とされてきたということ、またそれがどのような意味を持ち、何に影響していたのかを考えたい。

「保有」という無意識の前提が、実は自動車の利用について、特にその「利用目的」について、大きな影響を与えていたということについて明らかにすることを試みる。

自動車の保有は自動車の利用目的と密接な関係にある。

第3部においては、カーシェアリングの利用目的と効用、地域に与える影響について明らかにし、自動車という交通用具を利用することから得られる効用について検討する。そして、自動車の利用目的や効用に焦点を当てた上で、今後の都市交通政策やまちづくりの中でのカーシェアリングの位置づけ、担うことが期待される役割、政策の方向性の提案などを行う。

第4部においては、カーシェアリングの検討を踏まえ、自動運転技術とそれを完成させたかたちとしての完全自動運転について検討する。2つめの枷である運転免許制度について、そのハードルを下げるか若しくはなくすことにより、自動車の利用がどのような姿となるのか、現時点での期待なり可能性を検討する。


本書は「カーシェアリング」と「自動運転技術」を検討することにより、これからの自動車利用のあり方を見通すための「手がかり」を提供することを企図している。

この時代にカーシェアリングから学べることと、それを下敷きにして自動運転に期待されることを可能な範囲で述べてみたい。

コラム

この本の土台にある考え方の手がかり

本書の全体を通じて言えることとして、なんとか、自分の経験の中で得た自動車に対する感覚を保ったかたちで、矛盾することなく自動車を論じられないものか、という問題意識がある。

三〇年間地方公務員として勤務し、様々な分野において「〇〇政策」に携わってきて実感することは、政策というものが、宿命的に政策の対象とする現場なり、当事者にとって多かれ少なかれズレたものとなってしまうということである。交通政策の一環として自動車利用の縮減の政策を担っていた間も、組織として実施している政策と、自分自身の自動車に対する感覚、経験とのズレを常に感じていた。

そのズレを埋めることはおそらく現在の社会組織のあり方を考えると、ほぼ不可能であるとしても、それをなんとか明確にし、位置づけることまではできるだろう。それを考えて述べることが、社会科学といわれる学問の役割の一つだと考えており、本書の出版の動機となっている。

自分の感覚を離れずに論じることを心がけた。そのことにより、少し実証の面で不十分な点があることは認めざるを得ない。しかし、現時点で理論的に概ね説得できると思われる言及に留まることは心がけた。

本書を通底するズレの感覚。どのようにズレているのか。三人の先人の言葉を援用して、その色合いを示しておきたい。

見田宗介は次のように言う。

> 情報化／消費化社会の「光の巨大」に目を奪われる「現代社会」の華麗な諸理論は、環境、公害、資源、エネルギー、南北の飢餓や貧困の巨大な実在と、それがこの情報化／消費化社会のシステムの原理それ自体がその「臨界」に生成する問題系であることを正面から見ようとしない。反対に、現代社会の「闇の巨大」を告発する多くの理論は、この現代の情報化／消費化社会の、人間の社会の歴史の中での相対的な優位と魅力と、その未来に開かれてある原的な可能性とを見ようとしない。（見田［1996］2011: 3）

見田が指摘するのと同様の光景が自動車研究においても見られる。

宇沢弘文は、自動車の利用が生み出す外部不経済を試算した上で、それが本来負担すべき主体である自動車保有者や利用者に転嫁されていないことを問題とした（宇沢 1974）。その一方で、ボードリヤールは「自動車の氾濫は巨大な技術的・心理的・人的欠損をもたらした。だが、それはどうでもよい。というのは、必要な過剰設備投資やガソリンの追加消費や交通事故に会った（ママ）人びとの治療費などは、帳簿上はすべて消費として記録され、国民総生産と諸統計に組みこまれて、経済成長と富の指数となるだろうからである」と言い放った（Baudrillard 1970=1995: 32-33）。

この二つの流れは大きく隔たっており、接点はないかに見える。

そして、本書の前半で主に論じるカーシェアリングの研究においても、似た状況が確認できる。カーシェアリング自体の社会的な不経済を論じたものはほぼ見あたらないが、自動車の外部不経済であるところのCO2排出量を問題にする立場から、それを削減することに対するカーシェアリングの貢献のありかた、可能性が評価の中心となり、しくみや運用方式を論じる際にもそうした削減効果を前提にし、その効果を期待する観点から論じられてきた。見田が言うところの「闇の巨大」を告発する立場の延長で、カーシェアリングが論じられており、そのみかたは少し偏ったものであり、正確な評価となっていないと筆者は考えている。研究論文の分野で、CO2排出量以外の観点からその効用、プラス面を論じたものは少ない。マスコミのカーシェアリングに対する評価の多くは好意的であるが、表層的である。

見田は、また次のようにいう。

> 現代の情報化／消費化社会へのどんな批判も、この社会の固有の「楽しさ」と「魅力性」という経験の現象と、それがこのシステムの存立の機制自体の不可欠さの契機であることをおさえておくのでなければ、このわれわれの社会の形式のリアリティの核のところを、外した認識となるほかはないだろう。（見田［1996］2011: 39）

カーシェアリング研究を含めた自動車研究の多くは、そのリアリティの核のところを外してきたと筆者は感じている。

筆者がカーシェアリングの社会実験や研究を通じて感じてきたリアリティの核の中心は、自動車の効用というものであった。自動車の利用により利用者に享受される効用というものへの配意がなければ、カーシェアリングの本質の把握は不可能であろうと考えている。自動車の効用への着目は、カーシェアリングに限らず、広く自動車の研究一般についても同様の必要性を感じるものである。

さらに見田は言う。

> 現代社会の全体理論は、この情報化／消費化社会のシステムの基本的な構造とダイナミズムと、矛盾とその克服の基本的な方向を、一貫した統合的な理論の展開として、太い線で把握するものでなければならないだろう。（見田［1996］2011：3）

自動車研究において、この統合的な理論、太い線で論じたものとして、ジョン・アーリによる自動車移動のシステムの論がある。その理論は単に光の部分を称賛するでもなく、闇の部分を告発するものでもない。システムを全体として把握、評価している。

アーリは自動車に関連するその全体を「自動車移動のシステム」として把握する。

> 自動車移動は、自己組織的かつオートポイエティックな非線形的システムとして概念化することができる。それは世界中に浸透し、自動車、運転者、道路、ガソリン供給、および多くの新しいモノ、テクノロジー、記号、等々を包含するものである。そのシステムはみずからの自己拡張の前提

条件を生成する。（Urry 2005=2010: 42）

そして、それは次の六つの要素から構成されているという。

（1）典型的な製造物であり、それを生産したのは二〇世紀資本主義における主導的な産業セクターであり、イコン的な企業であり、そしてフォーディズムやポストフォーディズムといった決定的な社会科学の概念を生み出した産業である。

（2）住宅に続く個人消費の主要な品目であり、その記号的価値をつうじて——あるいは名前をつけられたり、反抗的な性質をもっていたり、年寄りにみえたりする、等々の点で擬人化されやすいことから——所有者／利用者にステータスを提供するものである。それはまた刑事司法制度の大きな関心事になっている。

（3）並はずれて強大な複合体であり、それは他の産業——自動車部品や付属品、ガソリンの精製や配給、道路の建設と管理、ホテルやロードサイド・サービスエリアやモーテル、自動車販売や修理工場、郊外の住宅建築、小売りや複合レジャー施設、広告やマーケティング、都市設計や都市計画、石油資源にめぐまれた国々、等々——との技術的・社会的な相互連関をつうじて構成される。

（4）「準‐私的」な移動の支配的かつグローバルな形態であり、それは徒歩や自転車や鉄道旅行といったその他の移動手段を従属させ、あるいは人びとが仕事、家族生活、幼年期、余暇、娯楽といったものの機会や制限と折り合いをつける方法を再組織化する。

（5）支配的文化であり、裕福な生活とはどういうものであるのか、また、市民にふさわしい移動には何が必要であるのかについての主要な言説を支えている——それは潜在的に文学的・芸術的なイメージやシンボルを提供する。

（6）環境資源利用のもっとも重要な単独の要因である。このことは自動車や道路、自動車専用の環境をつくるのに用いられる資源、空間、エネルギーの規模と、それにくわえてグローバルな自動車移動がもたらすさまざまな汚染、すなわち物質、大気質、医療、社会、オゾン、視覚、聴覚、空間、時間にかかわる環境汚染、等々の帰結である。交通は二酸化炭素排出量の三分の一を占めており、二〇世紀の多くの戦争の間接的原因になっている。（Urry 2005=2010: 40-41）

アーリは自動車を中心とした動きを、このように「自動車移動のシステム」として捉えている。こうした明確で統合的な捉え方は、これまでの自動車研究の分野においては新しいものである。そして、その先に来るであろうポスト自動車移動システムに移行していく流れの中で、カーシェアリングなどの自動車の「脱・私有化」についても一つの動きとして位置づけている。このようにみることで、今後の都市交通政策において、自動車が担うべき機能、果たすべき役割がみえやすくなると筆者は考えている。

本書では、基本的には統計調査やアンケートの結果などを用いた分析、検討を行うが、見田とアーリによる考え方をその検討の基本姿勢として踏まえることにより、自動車利用のリアリティの核をはずすことなく、正確に把握し評価することを実現したいと考えている。

カーシェアリングや自動車の「相対的な優位と魅力と、その未来に開かれてある原的な可能性とを」正しく見ようと試みた。なおかつ、闇の部分としての自動車利用による外部不経済の存在は十分に踏まえ、過疎地域のバスの現状などを念頭におきながら考えたい。光と闇の両方を踏まえた上で、自動車の効用の部分を正しく切り出して行きたい。

また、カーシェアリングが、アーリがいうところの「自動車移動のシステム」を変容させる可能性を持つという見込みのもと、今後の都市交通政策の中でカーシェアリングが担うことが期待される役割について検討してみたい。

さらに、ローレンス・レッシグがいうところのアーキテクチャの概念を参照して検討する。レッシグは、個人を制約するものとして「法」「社会の規範」「市場」「アーキテクチャ」の４つがあるとし、次のように言う。

> 制約は、機能はちがうけれど、一緒になって機能する。規範はコミュニティが課すレッテル貼りによって制約する。市場はそれが課す値段を通じて制約する。アーキテクチャは物理的な負担によって規制する。そして法律は、それが脅しに使う処罰を通じて制約する。(Lessig 2006=2007: 175)

このように書くと、物理的に窮屈な印象を与えるが、濱野智史はアーキテクチャの特徴を次のように捉える。

①任意の行為の可能性を「物理的」に封じてしまうため、ルールや価値観を被規制者の側に内面化させるプロセスを必要としない。②その規制（者）の存在を気づかせることなく、被規制者が「無意識」のうちに規制を働きかけることが可能。（濱野 2015: 26）

筆者は、アーキテクチャについて、法律でも規範（道徳）でも経済的な有利さによってでもないかたちで、その「しくみ」によって何らかの傾向を生み出すものとして理解している。カーシェアリングの普及要因について後で詳しく検討するが、先に一言で言えばそれはアーキテクチャの成功である。法規制でもネガティブキャンペーンでも、補助でもなく、利用者にとって適切なアーキテクチャ（しくみ）が構築されたことによって普及し、社会に好影響を与える傾向を生み出したと考えている。

自動車　カーシェアリングと自動運転という未来

――脱自動車保有・脱運転免許のシステムへ

目次

第1部　カーシェアリングとは――脱自動車保有のかたち

第1章　カーシェアリングの誕生と普及

第2章 カーシェアリングの利用実態について

第1章　自動車保有と運転免許

第2章　事業所と自動車の普及

第3章　レジャーと道路

第3部　カーシェアリングがもたらしたもの

第1章　カーシェアリングの効用——カーシェアリングがもたらしたもの

第4部　自動車の効用を組み込んだ交通政策の方法——自動運転に期待されること、危惧されること

第1章　自動運転によりもたらされること

第4章　自動車移動を交通政策に組み込むための課題と方法

おわりに

第1部　カーシェアリングとは——脱自動車保有のかたち

第１章

カーシェアリングの誕生と普及

これから、カーシェアリングを詳しく検討するが、検討なり評価する際の立場としては、都市交通政策という観点を保ちながら進めることとしたい。過疎地域に限らず、都市部の周辺地域においても衰退の傾向にあるバスや鉄道など、いわゆる公共交通の現状を念頭におき、都市交通政策上の諸課題を踏まえた上で、その中に新しく生まれてきたしくみとしてのカーシェアリングを評価していきたい。

1-1　カーシェアリングの歴史（誕生）

カーシェアリングが急速に普及してきている。

交通エコロジー・モビリティ財団の調べによると、二〇一七年三月時点で、国内の会員数は一〇八万五九二二人、車両台数は二万四四五八台となっている。それぞれ前年比で二八％、二四％の増加となっている。

このように国内においては、近年急速に普及してきているカーシェアリングであるが、ヨーロッパを発祥としてその歴史は長い。

まず、その歴史を辿ってみることとしたい。

その前に、現時点ではカーシェアリングについて明確な定義がないため、ひとまず次のとおり簡便に定義して進めることとする。

・生計を一にしない複数の者が、単一若しくは複数の自動車を、継続を意図して共同で利用するしくみなり行為

カーシェアリングの歴史は古く、村上敦によれば一九四八年にスイスでＳＥＦＡＧＥ（Selbstfahrergenossenschaft）という自動車の共同保有のための団体が設立されたことがはじめである（村上 2004）。しかし、当時の共同保有の目的は高価な自動車を共同購入することが主眼であり、現在行われているカーシェアリングとは性格をやや異にするものであろう。後で詳しく取り上げるが、日本においても個人レベルでの自動車の共同保有が一般に行われていた。村上はＳＥＦＡＧＥはマイカーの保有という目的、夢の実現までの過渡的な代替手段であり、現在のカーシェアリングとは性格が異なるとしている。そのころの共同保有と現在のカーシェアリングとの関係について次のように述べている。

それまで夢にすぎなかったマイカーを手に入れることができるようになった。夢の対象であり、手の届くようになったマイカーを他人と分け合うという考えは当然ながら定着しない。したがって、マイカーが夢であるという熱が冷めるまで、つまり約四十年間にわたってカーシェアリングの歴史は足踏みを余儀なくされた。さてマイカーという夢が醒めかけた頃、カーシェアリングは新しい思想を持って一九八七年にスイスのスタンス市とチューリッヒ市で同時に生まれた。（村上 2004: 47-48）

このスタンス市に生まれたＡＴＧ（Auto Teilet Genossenschaft）と、チューリッヒ市のシェアコム社（Sharecom）が、現在まで続くスイスのカーシェアリング事業のはじまりであると言われている。ＡＴＧとシェアコム社は、同時期に設立されたが、当初は別々の活動を行っていた。その後、一九九三年に国家プログラムとして、財政的、理念的な支持を得る事となった。一九九七年には二つの団体が合併し、スイス・モビリティ（Mobility Schweiz）が誕生した。モビリティ社は、国の支援を受けつつ急成長し、一九九九年末の時点で一二〇〇台の車両と約三万人の会員を抱えるに至った（交通エコロジー・モビリティ財団 2006）。その後もモビリティは規模を拡大し、高山光正によれば、二〇〇九年五月時点で一一〇〇カ所のカーステーション☆1に約二二〇〇台の車両を設置し、会員数は約八万六六〇〇人までになった（高山 2009）。

多くの研究者が述べるとおり、現在における事業化されたカーシェアリングの歴史的な経過として、スイスのモビリティを起源とする流れであると考えて概ねまちがいないと思われる。

1-2 普及の状況

1-2-1 普及の状況（世界）

カーシェアリングは、このスイス・モビリティを中心としたスイスが先行し、それが他の国へ波及するかたちで、ドイツ、北米などを中心に展開が始まり、二〇〇六年時点では世界一八カ国、六〇〇都市で運営され、車両数は一万一七〇〇台、会員数は三四万八〇〇〇人となるまでに普及、拡大した（交通エコロジー・モビリティ財団 2006）。

その後世界的に急速に普及する。スーザン・シャヒーンの調査によれば、二〇一二年時点において車両数は四万三五五四台、会員数は一七八万八〇二七人となっている（Shaheen 2013）。地域的には発祥の地であるとされるヨーロッパと、アメリカ、カナダの北米と、日本を中心とするアジアとオーストラリアである。規模としては欧州と北米とが大部分を占めている。興味深いことには、会員数において発祥の地である欧州を北米が追い越したこと、さらに人口割合では最も高いスイスなど欧州が緩やかな増加を示しているのに対して、北米と日本が、急激な爆発的とも言える増加を示していることがあげられる。

このように急激に広まっているカーシェアリングであるが、新しい技術、サービスとして他の分野と比較するならば、テレビや携帯電話のようには広い国々に普及しているわけではなく、未だ世界的には一部の国において普及するに留まっているといえる。

1-2-2　国内のカーシェアリングの歴史

日本では一九九九年に財団法人自動車走行電子技術協会（現在の日本自動車研究所）と財団法人日本電動車両協会が、横浜市で実施した社会実験が国内最初のカーシェアリング事例であると言われている。横浜市のみなとみらい21地区などに、三〇台の電気自動車を一〇カ所程度のカーステーションに設置するかたちで、一九九九年九月から翌年三月までの間、社会実験が実施された。会員数は四六〇名程度であった。この社会実験は終了後、二〇〇二年四月からシーイーブイシェアリング株式会社が事業化して引き継ぎ、さらに同社は二〇〇七年からオリックス自動車株式会社（以下単にオリックス自動車とする）に吸収されるかたちで本格的な事業として継承されている。その後、大手としてはオリックス自動車を中心に、数多くの事業者が参入し、全体としては緩やかに拡大した。

こうした緩やかな発展期がしばらく続くこととなる。しかし、事業開始後短期間で営業を終了する事業者もあった。新たなサービス事業として新規参入と退出があり、事業として不安定な時期が一定続いた。それでも会員数はカーシェアリングの認知の上昇などから徐々に増加した。

そうした中で、日本のカーシェアリング業界の大きな出来事として、二〇〇九年に駐車場大手のパーク24株式会社が、既にカーシェアリング事業を行っていた株式会社マツダレンタカーを買収し、タイムズプラスのブランド名でカーシェアリング事業に参入した（現在はタイムズ24株式会社がタイムズカープラスのブランド名で運営。以下現在のブランド名タイムズカープラスとする）。駐車場事業者であることからカーシェアリング車両の設置スペースであるカーステーションの確保が容易であるというメリットを最大限に活かし、カーステーションに黄色いのぼりを立てたわかりやすいPR、わかりやすい料金体系などで急激な成長を遂げ、瞬く間に国内業界において、その台数、会員数の最大手となった。

このことにより、その後国内の事業規模は急激に拡大し、それまでは東京、名古屋、大阪、北九州などの都市部を中心に展開されてきたが、タイムズカープラスが牽引するかたちで、地方都市にも展開が進んできている。

1-2-3　国内のカーシェアリングの現状とその評価

交通エコロジー・モビリティ財団が二〇一七年三月に実施した調査によると、国内のカーシェアリング事業の状況は、カーステーション数一万二九一三カ所、車両数二万四四五八台、会員数一〇八万五九二二人である。会員数が一〇〇万人を超えている。

ここ数年の普及のスピードには著しいものがあり、車両台数と会員数の伸び率は二〇一三年比で、それぞれ約二・七七倍、約三・七五倍である。

事業者数については、二〇一三年調査で三二者が二〇一七年調査で三一者となっており、横ばいの状況にある。新規参入は限定的であり、事業を終了するものや、事業の譲渡などもある（交通エコロジー・モビリティ財団 2017）。

ここで、日本のカーシェアリング事業のこれまでの経過について、次のとおり把握することが可能であろう。

①一九九九年頃からの社会実験、事業化模索段階
②二〇〇五年頃からの運用方式、サービスの確立、普及段階
③二〇一〇年頃からの事業としての確立、急速な拡大段階

①は無料の社会実験や、有料で事業的に運営されているものなど、各種の事例があるが、未だ安定した運用方式、事業方式が固まらずに試行錯誤、模索している段階である。②は複数の事業者の展開と会員数の伸びなどからと、もうひとつ、カーシェアリングの事業化と普及に大きな役割を果たすデファクトスタンダードの運用方式、サービスが一般化し、普及を始める時期である。現在の事業化されたカーシェアリングのスタートと見てよい時期であり、徐々に会員数が増加する。この点については次節以降で詳しくみる。③はタイムズカープラスの参入と、その後の会員数などの急激な増加の時期である。

スーザン・シャヒーンは、北米におけるカーシェアリングの展開を次の通り整理している。

・一九九四年~二〇〇二年半ば　初期の市場への参入及び実験
・二〇〇二年半ば~二〇〇七年　成長と市場の多様化
・二〇〇七年~現在　商業化（Shaheen 2013）

年次のずれはあるものの、概ね類似した経過を辿っていると言えるであろう。

これまで、先の簡便な定義に基づき、国内のカーシェアリングの概況について見てきた。しかし細かく

見るとその運用方式、サービスは事業者において少しずつ異なっており、また、同一の事業者においても料金体系などを中心に頻繁に改正や変更が加えられており、そのような状況の中でカーシェアリングを正しく評価するためには、まず、運用方式、サービスについて詳しく見ていくことが必要となる。

1-3 カーシェアリングの運用方式について（デファクトスタンダードの成立）

1-3-1 カーシェアリングのしくみ

カーシェアリングについての明確な定義はない。高山は「公共交通機関や企業が所有して一般に貸し出すもので，パブリックカー，シティカーなどと呼ばれる『公共レンタカー型』」（高山 2009: 14）と「複数の個人が会員制組織を作り，マイカーの共同所有と利用を行う『共同保有型』」（高山 2009: 14）の二つの類型に分けているが、実際には事業者ごとに様々なコンセプトで運営されており厳密な分類は困難としている。また、三井亨保と外井哲志は、利用者が会員で限定的であるか、不特定一般であるか、また、貸出契約が会員登録時であるか、毎回契約であるか、また、貸出が無人であるか有人であるか、などを尺度とし、カーシェアリングと一般的なレンタカーの分類を行っている（三井・外井 2007）。しかし、国内でも有人貸渡でカーシェアリングを名乗る事業者もあり、従来からのレンタカー事業者が短時間単位での貸出をする事例が増えている。また、個人保有の自動車を用いて、運用や課金などサービス部分を事業者が提供するアース・カーのような方式もある。

カーシェアリングを事業として展開する場合、現在においても道路運送車両法でレンタカー事業と同じ扱いを受けている。レンタカー事業との差異は、利用者が事前に会員登録した限定した者であること、貸渡契約が会員登録時に一度行われること、月単位での会費が支払われる場合があること、一五分から三〇分単位での課金がなされること、また多くの場合、貸出が無人で行われることなどがある。もともとレンタカー事業では、車両ステーションでの有人管理を原則としており、現在のカーシェアリングが採用している無人管理は認められていなかった。二〇〇五年一一月に神奈川県が、無人での車両の貸し渡しが可能となるよう、「神奈川カーシェアリング利用促進特区」を申請し、認定された。当該特区は二〇〇六年三月に全国展開され、現在はどの地域においても無人管理が可能となっている。

さらに二〇一四年三月に国土交通省の通達により、出発したカーステーションと異なるカーステーションに車両を返却することが可能なワンウェイ型のカーシェアリングが制度として認められた。二〇一四年九月一日から既に一部地域で事業として運用が開始されており、カーシェアリングという名称のもとに括られるしくみはさらに広がっている。

このように、明確な定義は困難であるが、現時点において広く普及している方式、いわゆるデファクトスタンダードを把握することは可能であり、カーシェアリングを論じるにあたっての前提となるものであり、その確認を行う。

1-3-2　事業主体の実態の分類

交通エコロジー・モビリティ財団の把握によれば、二〇一一年時点で、国内でカーシェアリング事業を行っている事業者は三〇者あった（交通エコロジー・モビリティ財団 2011）。少し古い調査時点となるが、この時点で各社の事業について独自に調査を行った結果を述べる。

この時点の三〇の事業者は概ね次の三種に分類することができる。

・一般事業展開型
・居住施設との連携型
・その他

まず、「一般事業展開型」であるが、オリックス自動車やタイムズ24株式会社など、事業としての利益を目指し、複数のカーステーションを配置し事業の拡大を目指すものである。会員数や車両台数で大きな割合を占めている。「居住施設との連携型」は、マンションや住宅団地の付帯施設として、カーシェアリングを運営するものである。カーシェアリングでの利益より、住宅施設の付加価値を高めるために運営されている面が強い。「その他」としては、建設車両等を貸し出すもの、大学、ＮＰＯなどの運営による小規模なものなど、その形態は一様ではない。

ここでは、この交通エコロジー・モビリティ財団の把握による三〇事業者の中から☆2、個人を対象としていない建設車両等の貸出を行う事業者や、個人間での共同使用の事例など、明らかに性格の異なるものと、調査時点で営業を停止しているなど運用方式の確認が不可能な者を除いた二四の事業者を検証対象とし☆3、料金体系から予約の仕方、車両の解錠の仕方、利用可能時間帯など、利用者側から見た運用方式を中心に確認、検証する☆4。車両台数や会員数から見ると「一般事業展開型」の割合が大部分を占めるが、次の理由により事業者の規模、運営組織の性格を問わず検証することとする。

・通常の利用については、自宅周辺にカーステーションが数カ所あれば十分であり、利用者の立場から運用方式を検証するにあたって、事業者の運営規模はあまり考慮する必要がないと考えられること

・カーシェアリングの運用面のノウハウは蓄積され一般化しつつあり、参入のための障壁は低くなってきており☆5、今後も小規模でユニークなものが参入し継続的に運営される可能性が高いこと

・大規模な事業者と小規模な事業者との間に、運用の面において共通の特徴が見られること

1-3-3 カーシェアリングの利用方法

事業化段階でのカーシェアリングについては、各者で少しずつ異なる運用方式がとられているが、多くの事業者に共通している点がある。

まず、予約については、二四者の全てがインターネット若しくは携帯電話により二四時間可能となっている。また、車両の解錠については、二二者が無人の対応でICカード若しくは携帯電話により行う方式をとり、キーは車内に設置している。一者が有人対応で営業所においてキーを受け渡す方式。一者が、会員のそれぞれがスペアキーを保有するという運用方式であった。次に、車両の利用可能時間帯については、二四者のうち、二一者が二四時間利用可能で、三者が午前八時若しくは九時から午後八時までの限定された時間帯での利用であった。

二四者のうち二〇者が次の三つの条件を兼ね備えた運用方式を採用していた（この三つがそろった運用方式を以下単に「無人二四時間方式」とする）。

Ａ　予約はＩＣＴを活用しインターネット若しくは携帯電話で二四時間可能

Ｂ　車両の解錠はＩＣカード若しくは携帯電話で無人で行い、キーは車内に保管

Ｃ　車両は二四時間利用可能

検証対象の二四事業者について、車両台数ベースでみた場合、全体の約九九・四％が、会員数ベースでみると約九九・七％が、この無人二四時間方式を採用している。現在のカーシェアリングの利用方法の標準的な方式と言ってよいであろう☆6。

ここで、カーシェアリングで標準となっている無人二四時間方式の利用手順を見てみる。

まず、利用者はインターネット若しくは携帯電話により、利用を希望するカーステーションの車両の予約状況を確認する。空いている時間帯に登録すれば予約は完了である。利用に当たっては、カーステーションにＩＣカード若しくは携帯電話を持参し、ＩＣカードの場合は車両の窓ごしにカードリーダにかざすことにより、携帯電話の場合はメールの送受信などにより利用開始の手続きを行う。事業者側は、予約状況と照合し適切な予約者であるかどうかを確認した上で、車載の機器を通じて通信し、車両の解錠を行う。利用者は車両に乗り込みダッシュボード等に保管されているキーを使って、あとは通常の運転を行うこととなる。利用が終了したらキーを戻し、解錠したときと同様の手順で返却の手続きを行う。以上が無

人二四時間方式の手順である。

この使い勝手は、実際にやってみるとわかるのだが、自家用車を利用する場合と大きな違いはない。利用者はカーステーションにはICカード若しくは携帯電話のみを持参すればよく、解錠も簡便である。筆者が実際にやってみたところ、カーステーションに到着してからエンジンをかけるまで、一分かからなかった[☆7]。従来のレンタカーのように、営業所において運転免許証のコピーなどのやりとりを行うやりかたでは、最低でも数分間は必要となり大きな違いがある。

1-3-4　料金体系と貸出時間単位

料金体系と貸出時間単位について見てみる。
カーシェアリングは会員制であり、そのため、料金には次の3つがある。

・入会時の初期費用
・会員になってからの定額の基本料金
・利用に応じた従量制料金（時間、距離）

初期費用は会員登録の費用やICカードの発行手数料などであるが、一八者が徴収し、六者が無料としている。徴収している中では、最も安いところが一五〇〇円で最高が一万五〇〇〇円と、ばらつきがある。現在、大手事業者を中心に、初期費用の価格設定はしているもののキャンペーン等の名目で期間限定で無料としているところが多い。

定額の基本料金は通常一月単位で、カーシェアリングを利用しても利用しなくても課金される。二二者が基本料金の設定をしており、五二五円／月から最高が一万五〇〇〇円／月である。同一の事業者においても、プランで基本料金を複数設定しているものがある。そうした場合、基本料金が高いプランは従量制料金が低廉で、基本料金が安いプランは従量制料金が高く設定されており、利用の状況に応じてプラン選択の余地を与えている。なお、月額一万五〇〇〇円の一者は従量制料金を課金していない。また、初期費用と同様に、月額の基本料金を設定しているが期間限定で無料としているところが多い。

次に、貸出時間単位についてであるが、一六者が一五分単位としており、ほぼ標準となっている。その他、一〇分が一者、三〇分が三者、一時間が一者、三時間や半日などが二者。従量料金を課金していない一者は貸出時間単位をもたない。

従量制の料金については、標準の一五分の場合、最低が一〇〇円、最高が四五〇円となっている。一〇分で一七〇円から二二〇円、三〇分で一五七円から六三〇円である。先に触れたとおり、同一社の中でも複数のプランを持つ場合がある。

他に距離料金、いわゆるガソリン代として、時間とは別に走行距離に応じて課金される社が一八社ある。一㎞あたり一〇円から二六円である。

料金体系はこのように事業者によりまちまちであるが、大手二者で見てみると、例えば、オリックス自動車が運営するオリックスカーシェアの場合、一時間利用して二〇㎞走行すると一一〇〇円になる。タイムズ24株式会社が運営するタイムズカープラスで二時間利用して五〇㎞走行した場合は、一六〇〇円となる。レンタカーは半日六時間利用すると、一五〇〇ccクラスで五〇〇〇円前後であるので、短時間だとカーシェアリングの方が低料金となる傾向にある☆8。

最後に決済方式であるが、一四者がクレジットカードのみの対応である。クレジットと銀行口座振替等の選択可能な者が三者ある。他の七者はクレジットは扱わず、銀行口座振替若しくは振り込み扱いとなっており、うち、一者のみ現金払いも可能としている。

1-3-5 保険等固定的な費用

料金と関連して保険等の固定的な費用について見る。

保険については制度の枠組みがレンタカーであるので、レンタカーと同様の扱いとなり、国土交通省の通達により「対人保険一人当り八〇〇〇万円以上」「対物保険一件当り二〇〇〇万円以上」など、一定条件以上の自動車保険に加入することが義務づけられている。保険料は利用者の基本料や従量制料金から負担されることとなる。自動車諸税（自動車取得税、自動車税、自動車重量税）及び車検の費用についても同様である。

このように、カーシェアリングは料金体系と事業者による保険加入などにより、利用者が利用量に見合った保険等の費用負担とすることを実現している。近年ようやく自動車保険が車両の走行距離など、利用に応じて低減されるような商品が現れているが、それまでは車種等に応じて一律の保険料が適用されてきた。税金についても同様である。カーシェアリングは、こうした利用状況に関係なく課金、徴収されてきた自動車関連費用に関して、利用状況に応じて負担することを可能にするしくみであるといえる。ただし、この点はレンタカーにおいても一定実現されていたということを指摘しておく。

1-3-6　カーシェアリングの運用方式（デファクトスタンダード）

これまでをまとめると、次のとおりとなる。

・二四者の全てが二四時間インターネット等で予約可能
・二一者が二四時間車両の利用が可能
・二〇者が「無人二四時間方式」を採用（会員数、台数ベースで九九％以上）
・二一者が一時間以内の短い単位での利用が可能で、それに合わせた料金体系を採用
・標準の貸出単位は一六者が採用している一五分単位
・自動車保険等固定費用は事業者が負担

これが調査時点（二〇一一年七月）における、運用方式の状況である。その後、タイムズカープラスを中心にシンプルなわかりやすい料金方式を打ち出しており、他の事業者もその方向に進みつつある。また、一五分単位での課金とは別に、一二時間パック、二四時間パックなどのパック料金の設定が増加している。

さらに調査当時想定できなかったが、二〇一四年九月から、ワンウェイ型のカーシェアリングが実験的ではあれ有料での運用が開始されている。このことを踏まえると、これまでは当たり前と考えられていた次のことを確認しておく必要がある。

・車両は貸し出された場所と同じところに返却する必要があり、利用時間は予約の時点で決定する必要がある

調査した二四者については、全てこの条件を満たしていた。

まとめると、現在普及しているカーシェアリングサービスのデファクトスタンダードとして次のことを言うことができるだろう。

A　予約はICTを活用しインターネット若しくは携帯電話で二四時間可能

B　車両の解錠はICカード若しくは携帯電話で無人で行い、キーは車内に保管

C　車両は二四時間利用可能

D　一五分単位での利用が可能でそれに合わせた料金体系を採用

E　自動車保険等固定費用は事業者が負担

F　車両は貸し出された場所と同じところに返却する必要があり、利用時間は予約の時点で決定する必要がある

正確に言うとFの条件を捉え、ラウンドトリップ型カーシェアリングのスタンダードと言うべきであるが、現在普及しているカーシェアリングについては、この運用方式、しくみが確立したサービスとなった

ことにより、概ね事業、サービスとして確立されたと言うことができるであろう。このしくみがカーシェアリングの普及の前提である。今後も、さまざまな亜流は出現すると思われるが、大きな部分とそのしくみ、性格、傾向を押さえることがカーシェアリングを論じる上でまず重要であろう。

以下、本書で単にカーシェアリングというときはこの条件のサービスを前提として論じる。

1-4 カーシェアリング以前の共同利用

カーシェアリングの運用方式を評価するために、カーシェアリング以前の共同利用の取組について見る。まず、原初形式ともいえる、一台の自動車を少人数の個人が共同で保有し、利用する例を見てみることとする。

1-4-1 個人による共同保有

自動車を共同利用する取組は、自家用車普及のかなり初期の段階から行われている。一九六一年発行の雑誌『モーターマガジン』に、「3人で車を――1人月5600円也のモータリング」と題して、高校教師が三人で資金を出し合い自動車を共同保有している記事が掲載されている。一九五五年式のダットサンを一七万円で購入し、一四ヶ月共同で保有、利用した経費の内訳などが記述されている。その運用方式としては、平日、休日が平等になるよう予定を組み、カレンダーにイニシャルを記入し利用予定の管理が行われていた。車両は共通の職場である学校で、次の利用者に引き継ぐ運用をしており、そのため出勤しない土日は連続して割り当てている。割り当てられた日程の変更を要求しないことなど、共同利用であることに起因する細かなルールを定め、工夫して運用されていたことが見て取れる。経費については車両の経費や固定的なものは均等割りし、あとは各自の走行距離に応じて按分しており、期間中の月一人当たりの経費が五五八七円であったという（『モーターマガジン』1961.7.1）。

記事の最後に「勿論私達もこれで満足している訳でなく将来は一人一台持ちたい夢を持っています」とあり、自分専用の自動車を保有したいが、経済的な面からやむを得ず共同保有、共同利用の形態をとっていることが伺える。こうした個人的な共同保有、共同利用の試みは、各地で行われていたと推測することができる☆9。

この教師三人によるカレンダーによる管理と、現在の標準的な無人二四時間方式とを比べると隔世の感がある。こうした共同利用の試みは古くからあり、考え方自体は今のカーシェアリングと大きく変わっていないが、ＩＣＴ技術に裏付けられた運用方式が、個人間の試みとは本質的に異なった、事業としてのカーシェアリングを誕生させたと言える。

先の村上の指摘のように、夢の話だけではなく、利用や運用の不都合を技術が解決したということへの着目が必要である。

1-4-2　レンタカー

次にレンタカーについて見てみる。

レンタカーの運用法式としては、事前予約をし、営業所に出向いて手続きをし、キーを受け取って利用し、ガソリンを満タンにして返却するというかたちが標準になっている。現在、多くのレンタカー事業者がインターネット経由の予約を可能としており、予約の方式自体はカーシェアリングとレンタカーに違いはない。

大きな違いは、まず、利用時間の単位と料金体系である。レンタカーは利用時間が半日単位であり、短時間利用したいニーズには不向きである。しかし、レンタカーについても短時間、低料金で運営するいわゆる格安レンタカーというものが増えてきており、カーシェアリングとの境界が曖昧になってきているように見える。しかし、二つを区別するべき大きな違いは会員制であるか否かである。レンタカーは基本的には会員制でないため[☆10]、利用の都度貸借契約が必要であり手続きを行うこととなる。そのため有人対応であり営業所の営業時間内で借りて、返すことが原則となる。

法制度の枠組の中では同様の扱いであっても、カーシェアリングの無人二四時間方式とレンタカーの方式とでは、利用者の側から見ると、手続きの手間や利用時間の制約の有無など重要な部分でサービスのレベルが異なっており、使い勝手に格段の違いがある。この、サービスレベルの違いという点が大変重要であると考えている。

1-4-3　社会実験段階でのカーシェアリング

カーシェアリングの社会実験については、一部はその後の本格的な事業に継承されているが、その多くは実験で終了している。終了した社会実験を中心に見てみる。

交通エコロジー・モビリティ財団の調べによると、例えば二〇〇一年から二〇〇六年まで豊田市において実施された社会実験では、利用時間は九時から一八時で、一回の利用につき、四時間以内、五〇km以内という制限があった。その他、福岡市で二〇〇二年から二〇〇五年に実施されたものは七時から二二時の利用、大阪市で一九九九年から二〇〇二年に実施されたものは八時から一八時までの利用であるなど、多くの社会実験は何らかの利用制限がなされており、無人二四時間方式ではなかったことがわかる（交通エコロジー・モビリティ財団 2006）。カーシェアリングの社会実験は、ハイブリッド車や電気自動車など、いわゆるエコカーの普及と強く関連づけられ、環境政策として検討される面が強かったことを指摘しておきたい。

このように、現在の事業化段階に入ったカーシェアリングとそれ以前の共同利用のしくみを比較すると、利用者の側から見て使い勝手の大きな差、サービスのレベルに違いがある。ごく短い時間の利用や、深夜早朝の利用などは、個人による共同保有はもとより、制度の枠組みを同じくするレンタカーや社会実験段階でのカーシェアリングでは実現することができない。こうした制約の少ない、自家用車利用に極めて近い使い勝手・サービスを、ここまでで見てきた現在のカーシェアリングの運用方式が実現しているのである。

［注］

1　カーシェアリングの車両の設置場所については定められた名称がない。現在のカーシェアリングの枠組みを定めた国土交通省自動車交通局長による通達（二〇〇六年三月三〇日付け国自旅第二八六号）では「デポジット」とされているが、本書では一般的に最もわかりやすいと思われる「カーステーション」という名称を用いる。

2　交通エコロジー・モビリティ財団の把握以外にも事業者は存在するものと思われる。また、多くの研究者が指摘するとおり、現時点ではカーシェアリングの明確な定義はなく、実際に個人保有の空き自動車を借りたい者にマッチングさせる、新しいタイプのカーシェアリングも出てきている（『ＷＥＤＧＥ』2011.8.20）。しかし、過去から経年で会員数や車両台数など、カーシェアリング事業の基礎的な数値を把握してきたのは当該財団が唯一であり、国内でカーシェアリングの推移を検討する際にはここでの把握が参照されることが一般的である。また、本書の趣旨は近年のカーシェアリング事業の大きな傾向、流れを把握することであり、当該財団の把握する事業者を検証対象とすることは妥当なものであると考える。

3　個人を対象にしていない1者、利用条件等を公開し会員を公募していない3者、調査時点で営業を停止していた1者、「わ」ナンバーでない個人の共同使用の事例の1者を検証の対象外とした。対象の中には、大都市圏以外の地方の中核都市や、都市近郊部などにおいてカーステーションを配置している者が含まれているが、近年の急成長が都市部のみで認められる現象であるかどうかについては、利用者の居住地などの属性や利用データが公表されていない中で確認することは困難であり、また、現在急速に成長しているのが都市型のカーシェアリングなのかどうかについても、普及の途上にある現時点で見定めることは難しい。よって、本書ではカーステーションの配置された地域にこだわらずに検証の対象としている。

4　各者の運用方式等の確認は、ホームページの参照を基本とした。調査対象のうち、2者のみが、ホームページの情報では運用方式について不明な点が残ったため、電話による問い合わせを行った。二〇一一年七月に実施。

5　既に、カーシェアリングの運用システムを、有償で運用受託する事業者が複数確認できる。

6　無人二四時間方式を採用していない4者は、そのうち2者が利用時間を限定しておりCのみ非適合。1者がスペアキーを会員各自が保有する方式でＢのみ非適合。1者が利用時間限定でかつ有人によるキーの受け渡しであり、ＢＣ非適合である。

7　オリックスカーシェアでの確認。

8　調査時点の単価等で試算した。オリックスカーシェアは、月額基本料が二〇〇〇円のＡプランでスタンダードクラスの車両を利用した場合の利用料金。時間料金が一五分二〇〇円と距離料金が一km一五円である。タイムズカープラスは、ベーシッククラスの車両を利用した場合の利用料金。時間料金一五分二〇〇円である。レンタカーについては、カーシェアリング事業も展開する日産レンタカーで、マーチが六時間五二五〇円である（各者のホームページで二〇一一年七月に確認）。

9　現在も稼働中の個人による共同利用案件として志木手作りカーシェアリングがあるが、自家用車の共同使用の考え方で運営されており、他の事業者と法律上の位置づけなどが全く異なるため、非常に興味深い事例であるが検討の対象外としている。

10　「会員制レンタカー」を名乗る事業者がある。しかし、貸借契約が入会時に一度の場合は、カーシェアリングに分類すべきなのであろう。一方短時間での利用が可能であっても、その都度契約のものはあくまでも格安なレンタカーと分類すべきである。

第2章

カーシェアリングの利用実態について

カーシェアリングの利用実態について、京都市における実利用データ等に基づき検証する。使用するデータは次のものである。

・二〇〇八年一〇月一日から翌二〇〇九年の九月末までの一年間の実利用データ
・実利用データの検証期間と近接する時期（二〇一〇年二月）に同地域のカーシェアリング会員に対して実施したアンケート結果

限られた地域の、やや古いデータであることは否めない。しかし、アンケートにおいては、鉄道やバスなどの利用頻度なども調査項目となっており、カーシェアリングの利用実績だけでなく、会員の他の交通手段での行動についても合わせて把握することができる。また、鉄道やバスのサービスの状況は、地域によって大きな差があるため、検証地域を限定することは、必ずしもデメリットばかりとはいえない。さらに、調査の時点が近い二〇一〇年実施の京阪神都市圏における第五回パーソントリップ調査から、京都市におけるカーシェアリング会員以外の交通手段の傾向との比較も可能である。

こうした利点があり、現時点においても価値の高い検証となっていると考えている。

2-1　京都市における経過と現状

京都市及びその周辺におけるカーシェアリングの展開経過と現状を概観しておく。

京都市では、全国的にも比較的早い時期から、社会実験が行われている。まず、二〇〇〇年から二〇〇二年に株式会社最適化研究所と財団法人日本電動車両協会が、京都市内に最大時にはカーステーション七箇所に電気自動車三五台を導入し「京都パブリックカー実証実験」を実施している。また、二〇〇二年から二〇〇三年にかけて、京都市ではないが、関西文化学術研究都市（京都府精華町、木津川市）において六箇所のカーステーションにハイブリッド車両一〇台を設置し「けいはんなＩＴＳ社会実験」が行われている。実施主体は財団法人関西文化学術研究都市推進機構である。このように全国的に早い時期から社会実験が行われていることが、京都市周辺におけるカーシェアリングの普及の素地をつくったと推測できる。

こうした短期間の社会実験を経て、京都市域において現在まで継続するかたちで本格的にカーシェアリングが事業展開されたのは、二〇〇七年一〇月一日のことである。オリックス自動車が京都市内の一二箇所のカーステーションに二〇台の車両を設置した。当時オリックス自動車は東京、神奈川、名古屋地区で既に事業を行っており、同社としては近畿で最初の事業展開であった。翌年の二〇〇八年九月末までに、カーステーション二三箇所、車両三二台に増設している。その後も小規模な増設などを行い、二〇〇九年の一一月からは京都市近郊の宇治市、長岡京市、向日市を含む地域において大規模な車両の増設が行われた。二〇一〇年七月時点では五四箇所六五台である（京都市内は四七箇所五八台）。

京都市における会員数については、事業開始後一年の二〇〇八年九月末時点で約三五〇名となっている。その後の数字は公表されていないが、二〇〇九年九月末時点で約七〇〇名程度であったと推測される☆11。運用方法としては、インターネット等で一五分単位の予約を行い、ICカードにより車両の解錠を行い、ダッシュボードにあるキーを使用する形態である。無人対応で二四時間利用可能である。現在「オリックスカーシェア」の名称で事業展開されている。

他社の状況としては☆12、二〇〇八年の六月からJR西日本が京都駅前の一箇所において「カーシェアリングエコ乗りくらぶ」の名称で事業を開始している。車両台数、会員数等は明らかにされていない。当該事業は有人対応である点と、二四時間の利用でないことから、短時間利用可能な駅前レンタカーという性格が強かった。二〇一〇年に入ってから新たに、株式会社ガリバーインターナショナルが「レオガリバーカーシェアリング」として、また、パーク24株式会社と株式会社マツダレンタカーが「タイムズプラス」として事業を開始している。二〇一〇年七月の時点で、前者がカーステーション二〇箇所に二〇台を、後者が一〇箇所に一五台を設置していた☆13。会員数は不明、運用方法はオリックス自動車とほぼ同様である。

二〇一〇年七月末の時点で、京都市とその周辺の地域においては、これらの四つの事業者が八五箇所のカーステーションに約一〇〇台の車両を設置して事業を行っている状況であった☆14。

2-2 京都市におけるカーシェアリングの評価

次節以降においてカーシェアリングの利用の状況を分析する前提として、京都市におけるカーシェアリング事業の経過について一定の評価をしておくことが必要であると思われる。

先の交通エコロジー・モビリティ財団による二〇〇九年一月時点の一斉調査の結果によれば、京都はカーステーションの数で全国数値の七・三%、車両台数で六・四%、会員数で七・〇%を占めている☆15。首都圏と中京圏と並んで、国内では比較的カーシェアリングの展開が進んでいる地域であり、近畿圏の中でも先行して事業展開が進んでいたと言える。事業として展開されはじめてから既に二年半以上が経過しており、会員数も確実に増えていることなどから、一定の普及、定着がなされた段階であったと言って良いと思われる。

こうしたことから、次節以降でみる利用の状況、アンケート等が示す結果については、事業としてのカーシェアリングが一定期間継続して運用されている、普及期にある一地域の状況であると言うことができる。

2-3　検証の方法と基礎数値

京都市において、デファクトスタンダードの事業者であるオリックス自動車の「オリックスカーシェア」の利用状況について分析する。当該事業は二〇〇七年一〇月の事業展開後二年以上経過しており、導入初期の時期を過ぎ普及期に入っている。また、台数及び会員数が一定の規模を超えており、データを分析することから一定の類推を行うことが可能と思われる。具体的には、京都市内における二〇〇八年一〇月一日から翌二〇〇九年の九月末までの一年間の利用データを分析対象とした。分析に用いる利用データ及びアンケート結果は、低炭素社会を実現する交通のあり方を考える協議会が実施した環境省の委託事業である平成二〇年度及び二一年度の低炭素地域づくり面的対策推進事業の調査結果にもとづくものである☆16。

調査時点におけるオリックス自動車の京都市のカーステーション数、会員数などの状況は次のとおり。

○カーステーション数

二〇〇八年一〇月一日時点：二三拠点

二〇〇九年九月三〇日時点：二七拠点

○車両台数

二〇〇八年一〇月一日時点：三二台

二〇〇九年九月三〇日時点：三六台
○使用車両
低燃費のガソリン車。軽自動車及び排気量一三〇〇ccの小型車。
○会員数
二〇〇八年一〇月一日時点：約三五〇名
二〇〇九年九月三〇日時点：約七〇〇名（推計）

なお、加入形態としてカーシェアリング事業者と個人とが契約を締結するものと、事業者と企業等法人が契約を締結し企業等の社員が利用するものの二種類がある。利用状況についてはそれぞれに特徴を持つので、適宜必要に応じて個人との契約によるものを「個人利用」、法人との契約によるものを「法人利用」と呼び区別して分析する。なお、個人事業者が個人名での契約による加入を行い業務利用している例があるが、それについてはデータ上、一般個人の利用と区別が出来ないため、個人利用に含まれている。

2-4 カーステーションの配置状況

二〇〇八年一〇月一日時点でのカーステーションの配置状況は（図1）のとおりである。

配置の特徴としては、市営地下鉄の烏丸線及び東西線を中心とし、その他の私鉄等鉄道駅の徒歩圏にカー

図１　カーステーションの配置

※調査当時のオリックス自動車の資料をもとに筆者が作成。この地図は国土地理院発行の「電子地形図20万オンライン（TIFF）京都及び大阪」を使用したものである。

ステーションを配置している。特に市営地下鉄烏丸線（南北線）と東西線とが交差する烏丸御池と市営地下鉄烏丸線と阪急線とが交差する四条烏丸近辺に集中的に配置されている。当該地域は、鉄道駅に加えて市交通局を中心としたバス停留所にも簡単にアクセスできる条件である。当該地域には多くのマンションが立地しており、マンション内若しくは近隣に自家用車の駐車場の確保が必要な居住者が一定数いるが、周辺は京都市における最も集積の高いオフィス街であることから、地価の水準は高く駐車場の料金は高額である。こうしたカーシェアリング加入への促進要因が強く働くことが見込まれる地域に、高密度にカーステーションを配置していることが見て取れる。

2-5　カーシェアリングの利用実態

2-5-1　利用距離

利用距離の分布については（図2）のとおり。最短の利用距離は一・六km。最長利用距離が九九一・六kmである。個人利用については一〇km以上二〇km未満の利用が最も多く、個人利用の三三・二％である。次いで一〇km未満の利用が二〇・八％、二〇km以上三〇km未満の利用が一六・一％と順に多く、三〇km未満の利用が全体の七〇・一％を占める。一〇km未満について詳しく見ると、五km以上一〇km未満がそのうちの約八割であり、五km未満の利用は二割に満たない。また、一〇〇km以上の長距離利用が全体の八・八％ある。

法人利用についても、概ね個人利用と同様の傾向を示している。一〇km以上二〇km未満の利用が最も多く三三・九％、一〇km未満の利用が一九・九％、二〇km以上三〇km未満の利用が約一六・三％と続き、三〇km未満の利用が全体の七〇・二％を占める点は個人利用と似ている。一〇km未満の利用についても五km未満の利用は二割に満たず同様の傾向である。ただし、一〇〇km以上の長距離利用については全体の三・一％であり、個人利用とは異なる傾向を示している。

2-5-2 利用時間

利用時間の状況を予約時間から見てみる。「オリックスカーシェア」は一五分単位での予約が可能である。予定の利用時間が三〇分の事例が一二・一%あり、四五分の事例が五・五%、一時間が八・一%である。一時間以内の予約事例を合わせると利用事例全体の二五・七%と約四分の一に当たる。最短利用距離の一・六kmの利用では、予約時間三〇分間で予約され、予約時間内で返却されている。一時間一五分から二時間までが二四・三%。二時間一五分から三時間までが一五・七%。三時間までの利用予定のものが全体の六五・七%を占める。標準的な利用時間は一時間から三時間であると言える。

一方、二四時間、まる一日利用予定としている事例が一・九%あり、二四時間を超えて二日間以上にまたがって予約されている事例が一・二%ある。一日以上の利用が三%程度あるということになり、先の短時間利用の事例とあわせると、カーシェアリング利用の多様性を見て取ることができる。最長利用距離の場合は四日間の予約が

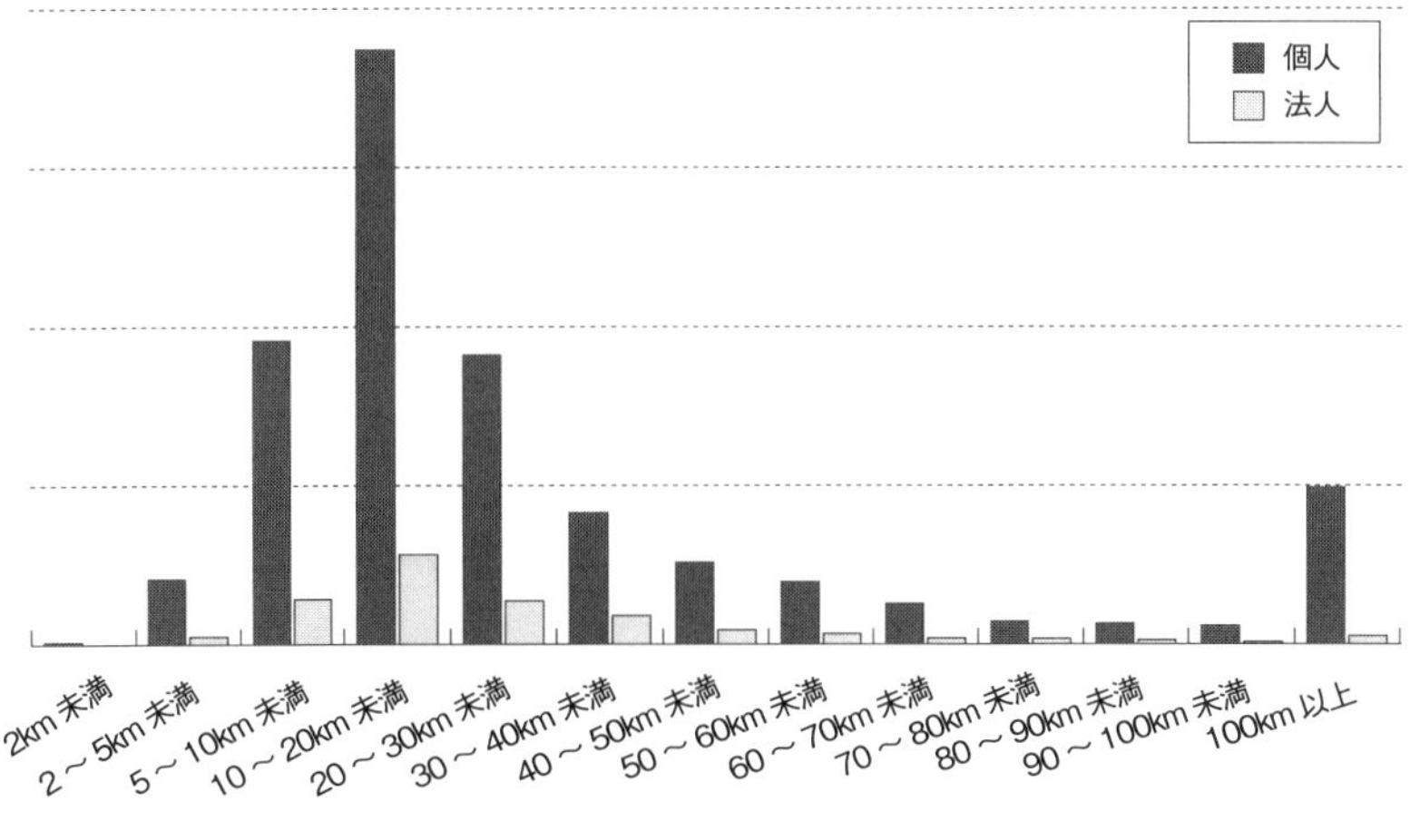

図２　利用距離の分布
※調査結果をもとに筆者が作成

なされ、ほぼ予約どおりの利用がなされている。カーシェアリングは短時間利用が中心であるが、割合としては少ないものの長時間の利用にも供されている実態が確認できる。

2-5-3　利用開始時刻

利用開始時刻の分布状況は（図3）のとおりである。まず個人利用については、一〇時台に出発予定の利用が個人利用全体の八・七％と最も多く、次に一三時台の利用が八・五％と多い。次いで九時台や一四時台の利用開始が多く、九時台から一六時台を合わせて全体の半数以上を占める（五六・四％）。また法人利用については、昼間帯の利用の傾向が顕著であり、九時台から一六時台の利用開始が法人利用全体の九二・六％を占める。個人と法人とを合わせてこの時間帯に六一・一％の利用があり、カーシェアリングの利用が昼間帯中心であることがわかる。残りについては、ほとんどが個人の利用であるが、一七時台から二二時台の利用開始が一定数以上あり、個人利用の二六・二％を占める。また、二三時台から翌五時台までの利用が個人利用の七・四％ある。

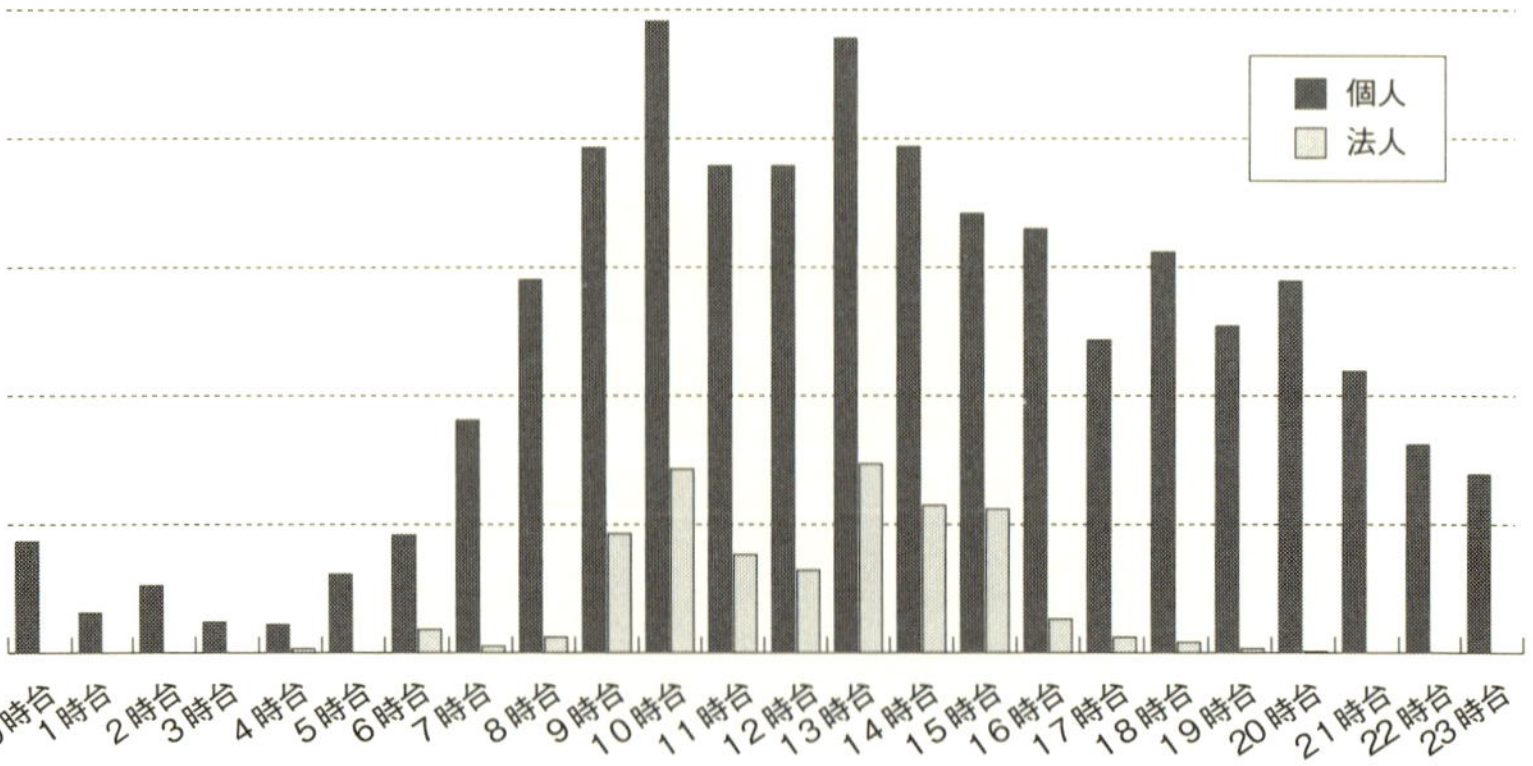

図3　利用開始時刻の分布
※調査結果をもとに筆者が作成

2-5-4　利用頻度

二〇一〇年二月に京都市周辺のオリックス自動車の会員に対して実施したアンケート調査から、利用頻度や利用目的の状況を把握する。配布数は四〇〇部で有効回答数が一一六、回答者は全て個人契約会員であった。

「普段の生活の中でカーシェアリングをどの程度利用していますか」という設問に対しての回答状況は（図４）のとおり。「月に一回以上二回未満」の利用頻度と回答した者が四四名（三七・九％）と最も多かった。次いで「月に二回以上三回未満」の回答が二〇名（一七・二％）、「月に四回以上五回未満」の回答が一三名（一一・二％）と続く。月に一回以上利用するが週に一回は使わないという者が七五名で全体の六四・七％である。「月に四回以上」すなわち週に一回以上利用する者が一九名（一六・四％）あり、そのうち月に一〇回以上頻繁に利用すると回答した者は三名である。一方「利用回数０」若しくは無回答の者が一四名（一二・一％）あるが、これは月に一回以下の利用で、年に数回程度までの利用状況であるか、若しくは設問の「普段の生活の中で」という文言を厳格に捉えられた結果と推測する。

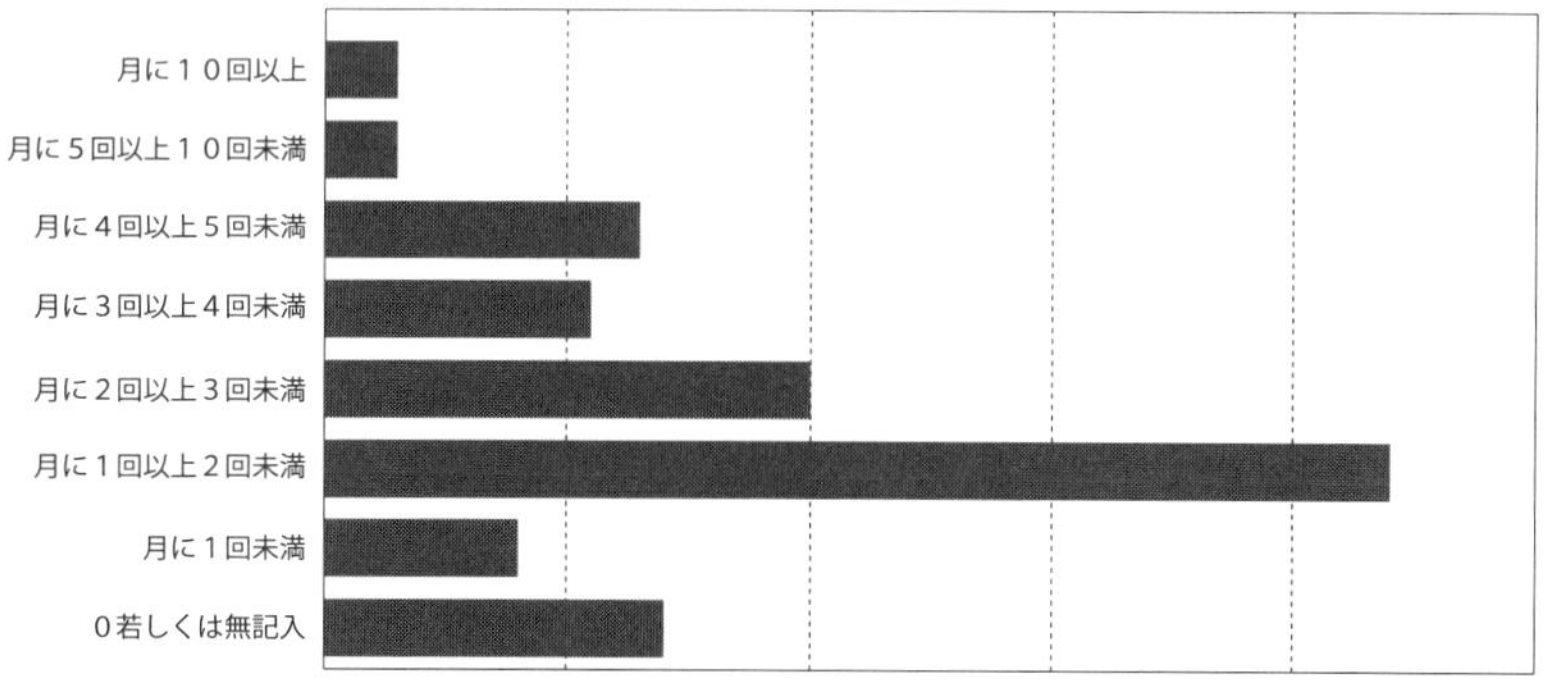

図４　利用頻度の状況
※調査結果をもとに筆者が作成

このようにカーシェアリングの利用頻度としては、月に一回か二回程度利用する者が最も多く、月に四回未満の者が八三・六%と、週一回未満の利用が大半を占める。利用頻度としてはそれ程高くないことが確認できる。しかし、少数ではあるが月に一〇回以上利用する者もあり、カーシェアリングが年に数回の者からヘビーユーザまで、利用者の多様なニーズに対応していることが見て取れる。

2-5-5 利用目的

利用目的については、（図5）の状況である。

多い順で、「買物」と回答した者が三〇・一%（四七）、「レジャー・娯楽」が二六・九%（四二）、「通院・送迎」が一六・〇%（二五）、「荷物等運搬」が一二・二%（一九）、「業務・商業」が八・三%（一三）、「その他」が五・八%（九）、「通勤・通学」が〇・六%（一）となっている（回答者一一六名は全て個人契約会員。複数回答可）。当該アンケートへの回答者一一六名は全て個人契約の会員であったが、「業務・商業」利用との回答が一三あり、カーシェアリングが個人事業者等に業務利用されていることがわかる。「レ

図5　利用目的の状況
※調査結果をもとに筆者が作成

ジャー・娯楽」の利用の詳細は不明であるが、「通院・送迎」や「荷物運搬」といった、比較的義務的な利用よりも「レジャー・娯楽」との回答が上位を占めていることには注目しておきたい。

2-5-6　鉄道、バス等を含めた利用の状況

アンケートでは、「普段の生活の中でカーシェアリングをどの程度利用していますか」という設問と同じかたちで、「市営地下鉄」「バス」「タクシー」「自転車」などの交通機関について、その利用頻度を尋ねている。個々の回答者により、それぞれの交通機関の利用頻度はまちまちであるが、大きな傾向を見るため、全員の回答の各交通機関の一月あたりの回数を合計し、その割合を示したものが（図6）である。カーシェアリング会員の一月間の交通行動の分担割合のおおまかな傾向を示しているといえる。カーシェアリング会員の一月の交通行動に占めるカーシェアリング利用の割合は四・〇％である。また、自転車と徒歩による行動の回数が全体の約五割となっている。

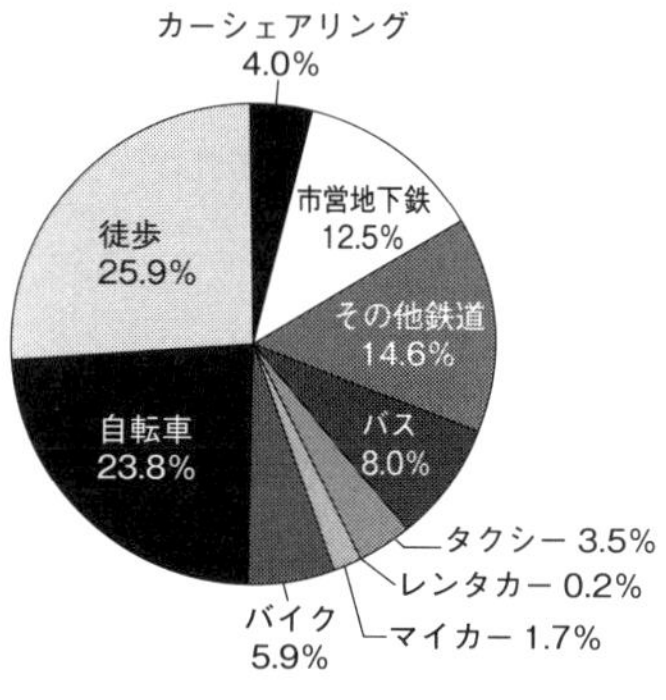

図6　交通手段の分担割合
※調査結果をもとに筆者が作成

2-6　利用実態のまとめ

これまで見てきたカーシェアリングの利用の実態を整理するとともに、今後の方向性を検討する足がか

りとして若干の考察を試みる。
ここまでで、京都市におけるカーシェアリングの利用実態が次のとおり確認された。

・利用距離は一〇〜二〇km未満の利用が最も多く（個人利用の三三・二％、法人利用の三三・九％）、三〇km未満の利用が個人利用、法人利用とも約七割を占める。短距離利用が中心である。

・個人利用については一〇〇kmを超える利用が八・八％あり、長距離でも利用されている。

・利用時間は、三時間までの利用が六五・七％で短時間利用が中心である。また、一時間以内の予約事例が二五・七％ある。

・長時間利用として一日以上にわたる利用が三・一％ある。

・利用開始時刻については、昼間帯を中心（九時台〜一六時台が個人、法人利用合わせて六一・一％）としつつも、特に個人利用では夜間の利用も一定割合見られる（一七時台から二二時台の利用開始が個人利用の二六・二％）。

・深夜、早朝の利用もある（個人利用の七・四％）。

・利用頻度は月に一回以上二回未満とする者が最も多く（三七・九％）、週に一回未満の利用者が八三・六％である。

・月に一〇回以上利用するヘビーユーザも一定数（二・六％）ある。

・利用目的は「買物」「レジャー・娯楽」「通院・送迎」などが多い。

・カーシェアリング会員の一月あたりの交通行動の回数において、カーシェアリングが占める割合は四・〇％である。

利用実態の傾向を整理しておく。

利用距離については三〇km未満の利用が、利用時間については三時間までの利用が七割程度を占めている。利用時間帯は昼間から夜間の時間帯の利用が九割程度を占めており、利用目的については、買物やレジャーが多い。利用頻度は月に一回から週に一回程度の利用が多くの割合を占めている。このように、利用実績及びアンケート結果から、京都市域におけるカーシェアリング利用において、多くの割合を占める傾向を確認することができた。

しかし、その一方で、距離が一〇〇kmを越える利用、一日を超える時間の利用や、深夜、早朝の利用が、一〇%未満の少ない割合ながら確認された☆17。こうした利用については、一部において自動車走行距離の抑制が期待されているカーシェアリングとしては、やや想定外のものであるといえる。カーシェアリング利用の多様な実態が確認できたと言える。

また、カーシェアリング会員の交通行動の内、カーシェアリングが占める割合は四%であり、その他の交通行動は徒歩、自転車、鉄道、バス等により行われていた。特に、徒歩、自転車による行動の割合が五割程度を占めており、カーシェアリングがこうした徒歩、自転車や、いわゆる公共交通機関を中心としたライフスタイルを維持するために機能していることが確認できた。

2-7　カーシェアリングの地域性

他の交通機関との関係からカーシェアリングの地域性について考えてみる。

試みに2-5-6でのカーシェアリング会員の交通行動の交通手段別の割合を、調査の時点が近い二〇一〇年実施の京阪神都市圏における第五回パーソントリップ調査による、京都市域の交通手段の分担割合と比較すると（図7）のとおりとなる。パーソントリップ調査によると京都市域の交通手段別の分担率（平日）は、鉄道一九・二％、バス五・九％、自動車二四・三％、二輪車二七・四％、徒歩二二・八％、である。カーシェアリング会員は鉄道二七・一％、バス八・〇％、自動車（カーシェアリング、タクシー、レンタカー、自家用車）九・四％、二輪二九・七％、徒歩二五・九％である。カーシェアリング会員の方が鉄道及びバスの利用が多く、また自動車利用が少ない傾向にあることが見て取れる。パーソントリップ調査との比較結果は、カーシェアリング会員の交通手段別の分担割合が、鉄道、バス等の交通機関を中心とした地域づくりを目指す立場からは、理想的

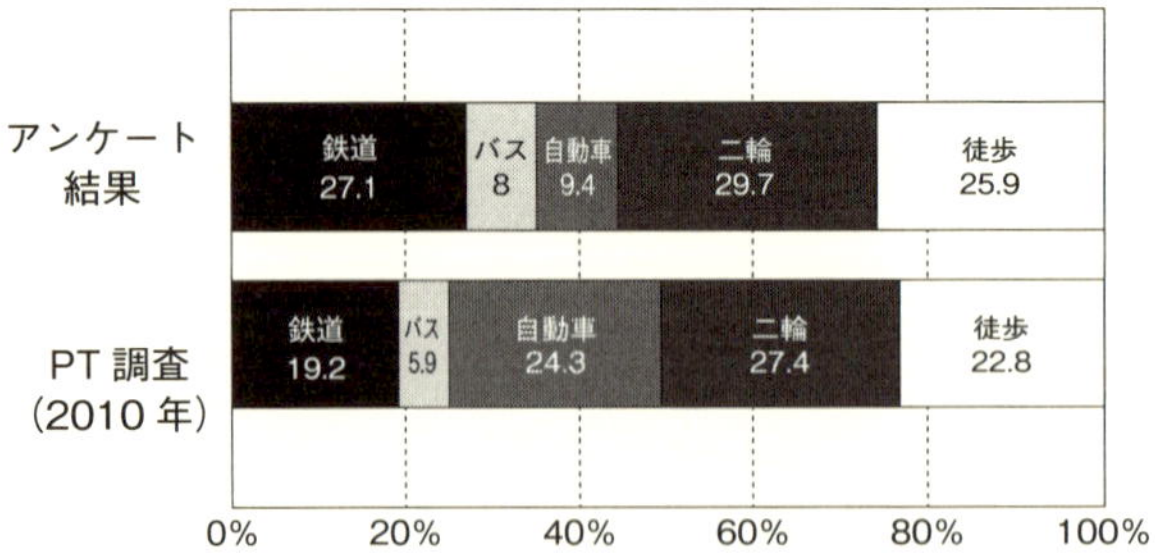

図7　交通手段分担率のパーソントリップ調査との比較

なものであることを示している。また、カーシェアリングは単独では成立しにくい、地域の交通環境に依存する傾向が強いしくみであると言うことも確認しておくべき重要な点だろう。今回の事例は京都市のものであり、当該地域の他の交通機関の整備状況と運行頻度、人口密度、自動車保有台数等と密接に関係しており、そうした地域の条件が事業化成立の背景としてあり、はじめてこの地において普及が進みつつあるという点を確認しておきたい。

都市地域の交通政策としてカーシェアリングを扱う場合には、このように、地域の他の交通機関のありよう、交通環境を踏まえた上で、そこにおける個人を中心とした交通行動の全体の中に位置づけて眺めることにより、はじめてその効果、意義などを適正に評価することができると考えている。また、今後のカーシェアリングの普及施策の方向性としては、いわゆる公共交通との連携を強めることが有効であることを示唆している。さらに今後は、都市地域における例を参照しつつ、地方部におけるカーシェアリング成立の可能性について検討を進めることが課題となろう。

2-8 他の調査の利用実態との整合

交通エコロジー・モビリティ財団が最近の利用状況をアンケート調査をもとに報告しているので、それと先の京都市における利用実態を利用目的の面で比較検証しておく（交通エコロジー・モビリティ財団 2013）。

地域の限定はなくまた、平日、休日の区別はない。世帯全体での設問となっている。

多い順で「買物」が三四・三％（一五五）、「片道二〇km を超える場所へのレジャー」が二八・三％（一二八）、「片道二〇km未満のレジャー」一四・二％（六四）、「送迎」一三・五％（六一）、「業務」四・二％（一九）、「通勤・通学」一・五％（七）、「通院」一・五％（七）、「無回答」一・五％（七）、「試乗」〇・九％（四）となっている（括弧内は世帯数）。距離に着目せずレジャーを合わせると四二・五％となる。

先の京都市におけるアンケートとは時期、対象地域、選択肢などが異なっていることから慎重な比較が必要となるが、どちらも買い物とレジャーが上位にあり、それらを合わせると大きな割合を占めるという類似点については確認することができる。また、前者と比べて後者のレジャーの割合がさらに高くなっている点は着目しておくべきである。同財団の過去の調査との比較においても、「片道二〇km を超える場所へのレジャー」が大幅に増えている。

2-9　多様な利用実態が要求するカーシェアリングの運用形態

先に見た京都市における利用実態から、カーシェアリングの運用形態について考えてみる。

データは一つの事業者に限られたものであり、その後の普及の状況と比較した場合、決して十分な事例数とはいえないものの、一定の事業化、普及が進んだ地域での実データであり、都市部におけるカーシェアリングのニーズを実績として示している。実績がしめす利用実態は多様なかたちであった。

利用実態において、深夜早朝利用が僅かな割合であったが確認された。

深夜早朝利用については、実際に利用をした者でなくとも、何かあれば二四時間いつでもインターネットで予約して利用できるという利用条件が保証されているからこそ、自家用車を保有しないという選択が可能となっていると推測できる。よって、実際の深夜早朝の利用割合よりも大きな影響を見るべきであり、利用実態からみた場合、運用の時間帯は二四時間であることが望ましいと言えるだろう。そして、深夜早朝の利用を考えると、インターネットでの予約やICカードによる解錠など、無人の対応が前提となるであろうし、二四時間利用可能であることとあわせて、シームレスな使い勝手であることが重要であると言える。

また、一〇〇㎞を越える利用や一日を越える利用が一定数存在した。このように、利用実態は多様なニーズへの対応の必要性を示唆しており、可能な限り制約の少ないフレキシブルな運用形態であることが望ましいと言える。「気軽に簡単に使えること」、「いつでも使えること」、「いつまでも使えること」が、利用実態からみた必要な条件であり、必要な時に必要な分だけ適切に自動車利用を提供するサービスとして、カーシェアリングの運用形態を考えることが望ましいと言えるだろう[☆18]。

事業者の側からみると、夜中の利用開始などは割合としては少ないため、必ずしも無人二四時間方式を採用する必要はないかもしれないが、次の理由から事業としてカーシェアリングを成立させようとした場合、無人二四時間方式など、現在のデファクトスタンダードの方式に向かうことが自然であることが示唆される。

・採用しない場合は、夜中利用のニーズを持つユーザを排除してしまうこと
・ICTを活用したシステムでは、無人二四時間方式を採用することと、時間制限などを行うこととの間に事業者側の負担として大きな差が生じないこと

現在、多くの事業者が採用しているデファクトスタンダードの運用方式、サービスが、カーシェアリングのニーズと、一定整合、マッチしているということ、それが故に現在のカーシェアリングの普及があると言うことが可能だろう。また、裏返すと、先にデファクトスタンダードのひとつとしてあげた次の条件があってもカーシェアリングは事業として成り立つであろうことを示している。

F　車両は貸し出された場所と同じところに返却する必要があり、利用時間は予約の時点で決定する必要がある

また、それは現在のカーシェアリングが自家用車利用の代替としての性格が強いことも示唆している。
本章における利用実態の検討を踏まえ、次章で運用方式と普及要因の関係を詳しく検討することとする。

［注］

11　全国ベースの数値が、二〇〇八年九月末時点で約三二〇〇名であったものが、二〇〇九年九月末時点で六五〇〇名と、この間でおよそ二倍になっており、二〇〇八年時点において京都が全国の約一〇％であることなどから、京都では七〇〇名と推計。

12　二〇〇七年一一月にウィンド・カー株式会社が京都市内で営業を開始したが、二〇一〇年七月現在では確認できなかった。

13　レオガリバーカーシェアリングはその後、営業を終了した。

14 二〇一〇年七月三一日各社のＨＰにおいて確認。この数字は、広く一般を対象として会員を公募して事業を展開しているものであり、分譲マンションの居住者に限定してサービスを提供しているものについては含んでいない。レオガリバーカーシェアリングは賃貸住宅にカーステーションを設置しているが、入居者以外も加入が可能である。

15 ＪＲ西日本の会員数などが把握できないため、オリックス自動車の数値のみで試算。

16 環境省の委託事業である平成二〇年度及び二一年度の低炭素地域づくり面的対策推進事業により低炭素社会を実現する交通のあり方を考える協議会がオリックス自動車から提供を受けた運行管理データについて、データ数を明示せず割合のみを表示することを条件に、精査し分析を行っている。なお、集計期間内のデータであっても、何らかの事情で走行距離が０㎞であるもの、料金が無料となっているものを除いている。また、京都市の会員が、東京、名古屋等の京都市以外のカーステーションの車両を利用した事例を除いている。つまり、料金が発生することを前提に、京都市内のカーステーションに設置された車両を利用し、短い距離であっても実際に走行した実績のあるデータのみを集計対象とした。アンケート調査に関しては、同協議会がオリックス自動車を通じて京都市のユーザに配布し回収したもの。

17 長距離、長時間にわたる利用実績が確認されることには注目しておきたい。もとよりこうした利用が頻繁であるならば、自家用車保有若しくはレンタカー利用が費用の面では経済的な選択と言われている。しかし、長時間にわたる利用がごく希に発生する場合には、レンタカーを利用する方が料金的には有利であったとしても、自宅の近辺に車両が配置されていること、貸出、返却時刻が深夜、早朝など二四時間自由に設定できること、使い慣れた車両であることなど、使い勝手の面からカーシェアリング利用を選択することは合理的な判断であると思われる。オリックス自動車は長距離、長時間利用を想定し「一二時間パック」など割安なパック料金を設定している。

18 利用実態から見ると、自治体が保有する車両を休日に市民に貸し出すという形態など、利用時間に制限があるかたちでは利用者のニーズに適切に対応することはできない。また、カーシェアリング車両に電気自動車を導入する事例が出てきているが、電気自動車は航続距離に制限があるため、ごく希な長距離利用ニーズに対応するために当面はガソリン車との併設が最も望ましいであろう。

第3章
カーシェアリングの普及要因

3-1　自動車利用の新しい選択肢となりうるサービスレベルの確立

本章では利用実態やデファクトスタンダードな運用方式など、これまで見てきたことを踏まえ、カーシェアリングの普及要因について考察する。

まず、現在のカーシェアリングの運用方式が、その利用方法、貸し出し時間単位、料金体系などの面で、利用者にとって使い勝手の良いサービスとなっていることを確認した。

次に、カーシェアリング以前の共同利用の試み、レンタカー、社会実験の段階でのカーシェアリングなどでは、現在のカーシェアリングのデファクトスタンダードと比べて、その運用方式に種々の制約があることを確認した。現在のカーシェアリングは、以前の共同利用と比較すると、利用者側のニーズに合わせた運用方式が採用されているということが言えるであろう。利用実態も、運用方式と利用ニーズが、一定適合していることを示唆するものとなっていた。

こうして見てくると、カーシェアリングが近年急速に普及、拡大している大きな要因として、利用者ニーズに応えうるサービスレベルが、標準的な運用方式、デファクトスタンダードとして確立されてきたことがあると言えるのではないだろうか。別の言い方をすれば、現在のカーシェアリングサービスが出現する以前では、自動車利用についての基本的なニーズを満たすためには、自家用車を保有するしか選択肢がなかったということではないだろうか。

短期間で国内最大手のカーシェアリング事業者に成長したタイムズ24株式会社の西川光一は、カーシェアリングの普及の要因について次のとおり言う。

環境問題への意識の高まりや、若者を中心に自動車を所有しなくなってきたことが要因だとみている人が多いのではないでしょうか。それも確かに挙げられますが、私は単に車利用の選択肢が1つ増えただけだと考えています。これまで車に乗ろうとするなら保有するか、レンタカーを借りるしかなかった。(『日経情報ストラテジー』2010.12)

自家用車保有以外のかたちで、自動車が比較的簡単に利用できるサービスを、一定のレベルで初めて実現し、自動車利用の選択肢を増やしたのが、現在のデファクトスタンダードによるカーシェアリングなのである。もちろん現在のカーシェアリングについても、自動車を占有しているわけではないので、完全にいつでも自由に使えるというわけではない。だが、「これなら自家用車を保有しなくても大丈夫」と思えるほどに、「まずまず」いつでも自由に使えるサービスレベルまでには現在のカーシェアリングが到達したと言えるのではないだろうか。カーシェアリングの急成長の要因として、無人二四時間方式による運用など、自動車利用の新しい選択肢となり得るサービスレベルが、多数の事業者において標準的に確立されたことが大きな役割を果たしているのは間違いのないことであると思われる。

さらにここで、本書の冒頭のコラムで援用したアーキテクチャという概念を想起していただきたい。サービスレベルの確立ということを、自家用車を保有しないで自動車を利用するための適切なしくみ、アーキテクチャが構築されたと言い換えてもよいと思う。しくみとして、カーシェアリングを把握し、眺めることがその核心を捉えるための要諦であると思う。

そして、そのことを踏まえ次に見なくてはいけないのが、現在のサービスレベル、しくみを実現するための基盤としてのICT技術と、法律等の制度面での対応についてである。

3-2 カーシェアリングサービスを実現したICT技術

現在のカーシェアリングの運用方式と、ICT技術との関係について見てみる。

まず、無人二四時間方式は、ICカード、モバイル端末、携帯電話通信網などを活用したICT技術が基礎となっている。1-3-3で見たとおり、こうした技術、機器がなければ無人二四時間方式は成り立たない。また、一五分単位など細かな時間単位による課金と料金徴収を、大手事業者であれば何千、何万人単位で行わなければならず、ＩＣＴを活用したシステムがなければ運用できない。カーシェアリングの運用方式がＩＣＴ技術に強く依存していることは明らかである。

ボッツマンとロジャースは、米国などにおける近年のカーシェアリングの急成長について次のように言う。

> ソーシャルネットワークとワイヤレス・テクノロジーのおかげで、ユーザー同士が簡単に連携できるようになった。これが一九四〇年代だったら、たった数百名のユーザーを組織するのに、どれだけの手間がかかったか想像もできない。大きな努力の割にメリットが少なければ、人々が自家用車を持とうとするのは無理もない。(Botsman and Rogers 2010=2010: 150)

適切な指摘であろう。現在のカーシェアリングサービスの実現において、ＩＣＴ技術が果たしている役割は極めて大きい。

このことは利用者側の使いやすいサービスを実現するだけではない。事業者の運用面においても、重要な部分でＩＣＴ技術が活用されている。大手のカーシェアリング事業者は、車両の位置をＧＰＳで把握するほか、ガソリン残量を遠隔で確認している。そして一定量以下になると、給油にかけつける。多くの事業者は、運転中にガソリンが一定量以下になると利用者が給油するルールなどとしているが、必ず守られる保証はない。こうしたＩＣＴによる遠隔での管理技術がなければ、いつでも使える環境は構築できないであろう。そして、次節で見るとおり、こうした遠隔による管理が可能となったことで、無人管理によるカーシェアリングを認める方向に規制が緩和されたのであり、ＩＣＴ技術がカーシェアリングの普及に果たしている役割は重要である。

また、多くの社会実験段階でのカーシェアリングでは、カーステーションにキーを保管したキーボックスを設置する方式が採用されていた。キーボックスの設置には電源の引き込み、設置工事が必要となり、カーステーションの容易かつ迅速な開設の一つの障壁となっていた。無人二四時間方式は、カーステーションにキーボックスなど車両以外の機器を設置する必要がなく、カーステーションの容易な増設を可能とし、事業の展開スピードを速めることにも大きく寄与している☆19。

こうしたことの全てに、ＩＣＴ技術が関わっており、カーシェアリングというしくみの確立と普及の基盤としてＩＣＴ技術があると言うことができる。

3-3　カーシェアリングサービスを実現した制度

現在のカーシェアリングの運用方式は、ＩＣＴ技術を基盤として無人二四時間方式の採用などサービスレベルの向上を実現しているが、それを可能とするために制度などが改正されてきたことを確認する。

無人二四時間方式で事業を行うために、レンタカー事業の運用と保管場所の関係について非常に重要な変更、対応が行われている。国土交通省は二〇〇四年に、道路運送施行規則及びレンタカー関連の基本通達を改正するとともに、「構造改革特別区域法に係る環境にやさしいレンタカー型カーシェアリング」を制度化した。内容としては、対面でしか認められていなかったレンタカーの営業を、一定の要件のもと無人管理を認めたことと、増減車を車両毎の許可制から事業者毎に規制を緩和したことである。通達では、「レンタカー型カーシェアリングを行う場合であって、IT等の活用により車両の貸渡し状況、整備状況等車両の状況を的確に把握することが可能であると認められるとき」に限って、有人の営業所以外での無人の貸渡しを許諾している（平成一六年四月二八日付け国自旅第一七号）。また、カーステーションを有人の営業所から離れた場所に開設することが可能となるよう、警察庁において自動車の保管場所の扱いについて運用の変更が行われている☆20。

こうした、一連の制度改正及びそれに伴う運用の変更が、ICT技術による管理を前提になされたことにより、初めて無人二四時間方式とカーステーションの広域的な展開が可能となり、現在のカーシェアリングの運用方式を可能としたのである。

二〇一四年にさらにワンウェイ型が制度化されたが、そのことについては別に論じる。

3-4　カーシェアリングの普及要因のまとめ

これまで、カーシェアリングが、事業として定着し、普及段階に入りつつある要因について運用面から検討してきた。まとめると次のようになろう。

① 利用者にとって新しい自動車利用の選択肢となり得るサービスレベルへの到達（アーキテクチャの構築）
② ①を可能としたＩＣＴ技術
③ ①②に対応した制度改正及び運用の変更

利用者にとっては①のサービスレベルの確立が重要であるが、②③がなければ①は実現できなかった。これらがうまくかみ合ったことにより、カーシェアリングの普及が進んだと言ってよいと思われる。そして、①についてはここに至るまでに各地で実施された社会実験などにおいて、運用面やサービス面での問題点などを検証することにより、徐々に最適なカーシェアリングの運用方法へと改善が進められてきたのである。また、特区制度を活用した社会実験において制度面での課題を検証し、その成果に基づき、③の制度改正、規制の緩和などが行われたことを確認しておきたい。

第１部ではカーシェアリングについてその普及の状況、利用実態、普及要因などを詳しく検討した。現在はワンウェイ型のカーシェアリングなども運用されており、今後も研究すべきエリアは増え続けるであろう。

［注］

19 タイムズカープラスの前身であるマツダレンタカーは、カーステーションにキーボックスを設置する方式をとっ

20

ていたが、タイムズカープラスとなってからはキーボックス方式をやめ無人二四時間方式を採用している。

自動車の保管場所は、自動車の保管場所の確保等に関する法律施行令において、原則、当該自動車の使用の本拠の位置から二km以内でしか認められない。これをそのまま適用すると、カーステーションを展開する度にその近隣に営業所を設置することが必要となり、実質的に無人の運営が実現できないこととなる。こうしたことに対応するため、警察庁交通局交通規制課長通達（平成一五年一〇月一五日付け警察庁丁規発第七四号）により、「自動車を運行の用に供する拠点として使用し、かつ、自動車の使用を管理をするという実態を備えている場所であるか否かで判断する」こととされ、カーシェアリング事業については、通常認められる運用がとられるようになった。

第2部　自家用車というしくみの発生

1　第2部の方法

第1部ではカーシェアリングについてその普及の状況、利用実態、普及要因などを詳しく検討した。

第2部では、自動車の利用というものがモータリゼーション☆21の始動前の時期及び初期の段階でどのように生まれてきたのかを、過去の統計資料、調査資料をもとに検討する。カーシェアリングについて研究するということは、個人が自動車を保有して利用するというかたち、すなわち自家用車とは異なる自動車の利用のしかたを検討することであると言えるが、そのための手順として次に「自家用車というしくみ」の始まりについて確認しようとするものである。個人を中心とした自動車の利用、すなわち「自家用車というしくみ」は、どのように始まったのか。

まず、モータリゼーションの始動時期、初期における利用者とそのまわりの環境を過去の資料から検討していく。一九五〇年頃から一九六〇年代半ば頃までにおいて、個人における自動車の保有と利用がどのような環境なり個人に対する誘因の中で進んだのかということを分析する。

具体的には第1章で運転免許の保有、受験の状況を自動車保有台数との関係において確認する。次に、第2章において事業所での自動車の業務利用と従業員との関係を確認する。さらに、第3章において、当時の道路整備の実状とその傾向を、第4章において国民車、大衆車といった比較的低廉な車種の販売等の状況を把握し、自動車保有に向かう個人の意識の推測を行う。次に、第5章において、その時期の個人による自動車の利用目的について調査資料などから検討する。

そして、第6章においてこうした自動車の利用の始まりの様子を踏まえた上で、新しくあらわれたものとしてのカーシェアリングの利用と、現在までの自家用車のかたちを比較し、その意味について考えてみる。

2 先行研究

自動車に対する人々の意識を見ようとした場合、運転免許に関する取得・保有の状況を分析することが非常に有効であると考えられる。自動車を運転するためには車種に適合した運転免許の保有が前提であるから、免許の動向にはその時点での自動車に対する意識の傾向が顕れるはずである。特に自動車の保有が急速に進む一九六〇年代後半より以前の意識を推測する場合には重要である。その時期においては、未だ一般家庭での自動車の保有が進んでいない時期であることから、生産台数や保有台数などの数値から個人の自動車に対する意識が推測できないからである。

しかし、この時期の運転免許の取得・保有状況などについて自家用車との関係で論じた研究は少ない。その理由の一つとしては、鈴木四郎などによる数少ない先行研究の多くの部分が、免許制度の改正の経緯にあてられていることからもわかるとおり、制度改正が極めて頻繁にかつ複雑に行われていることがあげられる（鈴木 1974）。改正に伴い免許の種類が新設されたり複数の免許が統合されたりし、経年で動向を把握するのが困難になっている。

また、もう一つの理由としては統計の不備がある。一九六九年以前は免許に関する統計は各都道府県ごとに集計されており、必ずしも信頼性の高いものとは言えない。現在警察庁が発表している統計数値は一九六六年以降のものである。また、その警察庁の統計の中では免許保有者数が一九六八年の二六三四万人から翌一九六九年には二四七八万人と減少している。これは、実際に保有者が一五〇万人も減少したのではなく、おそらく一九六九年からコンピュータによる集計を始めた事により、それまでの名寄せの不備などが顕れたものであると思われる。それ以前の統計がやや信頼性に欠けていたことをあらわしている。

こうしたことから、これまでは運転免許と自動車保有の関係について統計情報の整った一九七〇年頃以降のデータを基にした分析がなされてきた。そのために、例えば、大衆車元年といわれる一九六六年に発売が開始されたトヨタのカローラに関連して「カローラが国内販売台数で首位になったのは一九六九年。発売時の大人気の割に時間を要したのは、これを機に免許を取得した人が多かったから」（『朝日新聞』2009.9.12 夕刊）などといった、根拠のない見方を許容することとなっている。実際には運転免許受験者数のピークはカローラが販売される一九六〇年代後半より前の時期であった。

本書においては、本格的にモータリゼーションが加速する前の、個人による自動車の保有が本格的に普及しはじめた時期をモータリゼーションの始動期と捉え、着目する。

モータリゼーションの始動時期、初期に、どのような環境なり個人に対する誘因の中で自動車の保有と利用が進んだのかということを、運転免許の取得に対する動向などから確認することを試みる。

[注]

21 本書では、北村隆一が「モータリゼーションは単に交通手段の変化を意味したのみではない．それは新たなライフスタイルを，生産流通消費廃棄のサイクルの全てを変貌させ，かつてなかった立地パターンと都市構造を創り出した」（北村 2001: 3）と捉えているのを参照し、ここでは、第二次大戦後から現代までにおける自動車利用の急速な増大と、そのことを原因とした種々の現象の総体と定義して論じる。

第1章

自動車保有と運転免許

自動車の利用というものはどのように始まったのであろうか。

本章以降で、国内におけるモータリゼーションの始動時期の各種の統計から、当時の利用者、利用者の予備軍のおかれていた環境、その行動などを見ながら、どのように自動車の保有が進み、利用がされていったのかを確認していく。

以下、統計データを用い、運転免許取得と自動車保有の推移について詳しく見る。

1-1　運転免許保有者数と自動車保有台数の推移（全国）

全国レベルでの運転免許保有者数と自動車保有台数の推移を、一九五〇年代から約五〇年間で確認する[☆22]。

まず運転免許保有者（二輪、原付を含む）の状況であるが、先に述べたとおり、一九六五年以前は信頼できる統計がない。警察庁交通局編『交通統計昭和四二年版』によると、一九五八年六〇二万六〇〇〇人、翌一九五九年に七六五万五〇〇〇人、一九六〇年一一四七万八〇〇〇人、一九六五年には二一一〇万三八二〇人となっている。一九六三年以前は千人単位の数値であり、厳密な統計とは言い難いが、大まかな保有者数と伸び率は確認できる。一九六六年以降は現在、警察庁が公表している免許統計に掲載されているものであり一定の精査を経たものと考えられる。それによれば、一九七〇年に二六四四万九〇〇〇人となり、一九五八年の約四・四倍に、一九六〇年からの一〇年間でも約二・三倍と急増している。その後、一九八〇年四三〇〇万人、一九九〇年六〇九〇万九〇〇〇人、二〇〇〇年七四六八万七〇〇〇人、二〇一〇年八一〇一万人となっている。一九五八年から二〇〇八年の五〇年間で、一三・四倍、七四〇〇万人増加している。二〇一六年には八二二〇万六〇〇〇人となっており、一九九〇年代頃から増加率に低下傾向が見られるものの、約六〇年もの間一貫して増加し続けていることが特徴である。

次に自動車保有台数の推移を見ると、二輪、三輪、四輪の原付を含む全ての車両の保有台数は、一九五〇年代前半から統計がある。一九五二年にはわずか六三万三〇〇〇台であるが、一九五五年にはその三倍の一九三万一〇〇〇台になり、一九六〇年代に入ると急速に増加し、一九六四年に一〇〇〇万台を越え、一九七〇年に二四六八万八〇〇〇台、一九八〇年に四八四〇万九〇〇〇台と著しい増加を示す。一九九〇年に七三〇五万台、二〇〇〇年に八五五六万四〇〇〇台、二〇〇七年にピークの八八八一万二〇〇〇台に達した後やや減少傾向を示すが、近年増加に転じ、二〇一六年には八八五一万七〇〇〇台と九〇〇〇万台に近づいている。

免許保有者と保有台数との関係については、本書冒頭の図0を再度ご覧いただきたい。長いスパンではグラフのように運転免許保有者数に自動車保有台数が追いついてくる状況で、免許関係の統計がやや信頼性に欠けるとはいえ、おおよそ一九七〇年代の前半頃に逆転していると推測される。一九五〇年代は免許保有者数が保有台数と比してかなり多く、一九六〇年ころまでは運転免許保有者数の伸びが高く両者の数字は離れていく。その後運転免許保有者数の伸びの鈍化と保有台数の着実な増加により、一九七〇年代前半頃に逆転してからは、一九九〇年以降の保有台数の鈍化が始まるまでは一貫して差を拡げている。

運転免許の保有者数と保有台数との二つの数字の差が潜在的な自動車保有者予備軍だと見た場合、一九五八年の時点で全国に二〇〇万人程度いたことになる。一九五八年の国内での自動車生産台数は二輪、原付を含めて約七九万台でしかない。この予備軍をターゲットとして国産自動車メーカーが開発と生産の拡大と販売を目指したことは当然であろう。しかし、その後も予備軍が増え続け、一九六〇年代の前半には三〇〇万人に達していたと推測される。

そして、生産台数も一九六三年には三〇〇万台を越え、ようやく供給が追いついてくるが、自動車メーカーによる乗用車の生産拡大よりも先に、まず人々の運転免許保有への意識の高まりがあったことがわかる。

その後、生産による供給が高まり、その他の条件・環境整備が進み、所得の向上があり、値頃感のある商品が発売されたことから、ようやく保有が加速し始める。そうした種々の動きが結実し、人々の意識の高まり、熟度に対応して条件・環境がようやく追いつくことにより、一九七〇年代前半頃を転換期として運転免許の保有者数を自動車保有台数が上回るという当時の経緯を確認した。

一九六六年頃はカローラ、サニーなどの販売が始まり、軽自動車や小型自動車等の生産台数が急激に伸び始める頃であり、一般に大衆車元年と呼ばれている。先行する研究ではそれ以降のモータリゼーションの進展を論じ、それを牽引したのはメーカーの生産と販売力に拠るところが大きいと論じられることが多い。そのことはこの時期以降の状況についていえば一定まちがいのないことであろう。しかしそれ以前については適当な商品もなく、自動車関連の企業が中心となって牽引したとは言い難い。人々の意識を自動車にひきつけたのは「別の要因」があったと考えるのが妥当である。

1-2 運転免許保有者及び受験者数と自動車保有台数の推移（京都府）

次に、全国ベースの統計では把握できない運転免許の受験者数を経年で把握するために、京都府を例に運転免許受験者数及び保有者数と、自動車保有台数の関係の時系列での分析を試みる[☆23]。

まず、運転免許保有の状況を見ると、京都府域における運転免許保有者数が一九五二年で三万二七八人が、一九五五年に一一万八七六一人。その後毎年数万人程度増え一九六〇年に三七万八二六人となる。その後も伸びて一九六五年に五三万二三三一人、一九七〇年に六二万二一一九人となり、一九五二年の約二〇倍に、一九六〇年からの一〇年間で一・七倍近くに増えている。

自動車保有台数の状況を見ると、一九五二年に一万五〇七四台、一九五五年に五万四〇九二台、一九六〇年一五万八八七一台と五年間で三倍近くに急増している。その後も急激に増え続け、一九六五年に三五万七七二五台、一九七〇年に六一万三五二一台となり、一九五二年の約四〇倍、一九五五年の約一一倍に、一九六〇年からの一〇年間で約三・九倍程度になっている。

両者の比較であるが、伸び率で見ると、自動車保有台数は概ね全国状況と同様の推移を示している。免許保有者数についても全国状況と同様の高い伸びであった。また、免許保有者の伸びが一九六〇年代に入り鈍化し、自動車保有台数が一九六七年ころが伸びのピークとなっている点などは似ている。

京都府域における免許保有者数と保有台数との差を確認する。一九五二年時点で免許保有者が一万五〇〇〇人程度多い。免許保有者約二人に一台の割合。一九五五年には六万五〇〇〇人程度、二・二人に一台。一九六〇年には約二一万人と差は広がり、二・三人に一台となる。その後差が縮まり一九七〇年には八六〇〇人ほどになり、ほぼ免許保有者一人に一台の割合となる。京都府において自動車保有台数が免許保有者数を上回るのは全国より少し遅い。

これまで免許保有者と自動車保有台数との関係において、全国ベースでも京都府域においても、免許保有者が自動車保有台数を先行して増加しており、人々の自動車への意識の高まりがまず先行していることを見てきた。しかし、実際はさらに大きな動きであったことが運転免許の受験者数から確認できる。

1-3 運転免許受験者数

京都府域における免許試験受験者数は一九五二年に四万五二五八人、一九五五年に九万八六三三人、一九五七年に一一万九七一人、一九五九年に一五万四七八七人と増加し、制度改正のある一九六〇年には二九万一〇一五人と突出していることを除くと、一九六二年には一七万九六四六人、一九六四年に二〇万二一七一人となりピークを迎える。その後、一九六五年に一六万九六八〇人、一九六七年に一四万一〇三三人、一九六九年に一二万六四二四人と減少している。免許取得の熱度が一九五〇年代から高まり、一九六〇年の半ばまでにピークを迎えていることが見て取れる。車両台数と受験者数とを比較すると、一九五二年は受験者数が台数の約三倍、一九五五年で一・八倍、一九五九年に一・三倍。一九六二年では逆に保有台数が受験者数の一・四倍となる。

一九六〇年より以前は、運転できる自動車台数を大きく上回る者が運転免許試験を受験していたことがわかる。また、自動車保有が加速し始める一九六〇年代半ば以降には、免許受験者数の伸びは鈍っており、自動車の保有の加速の前に免許取得、受検のピークがあったことがわかる（図8）。

ここでは、運転免許の受験者や運転免許保有者の状況を見てきた。国産自動車メーカーの戦略的な製品化が目に見える前の一九五〇年代の半ばから、人々の自動車に対する意識は急速に高まり、運転免許の保有者の数が飛躍的に増加していることが確認できた。魅力的な車種が販売されたので、それから免許の保有に向かうという傾向は確認できない。

実際のところ、自動車販売業者は早くから運転免許保有を自動車保有の前提条件と捉えている。例えばトヨタ自動車販売株式会社の社史によれば「運転免許を持たぬ人に、自動車を売ろうとすることは、あたかも無灯部落に電気製品を売りにいくようなものである。つまり、自動車の潜在需要者たる資格は、極論すれば、運転免許を保有しているか否かによって決まる。したがって、免許取得者の増加は、量販の必須条件であり、購買力をうんぬんする以前の前提条件といわねばならない」（トヨタ自動車販売株式会社社史編纂委員会 1970: 222）としている。このような認識にたち、トヨタ自動車販売株式会社は経営不振に陥った立川市の日本自動車学校を一九五四年に譲り受け、自動車販売会社直営の自動車学校として自らが潜在需要者としての免許保有者の増加を手がけ始めた。その後も一九五七年には名古屋市に中部日本自動車学校を、一九六三年には東京都世田谷区にトヨタ砧自動車教習所を開設している。

先のトヨタ自販の社史にもあるとおり、運転免許を取得

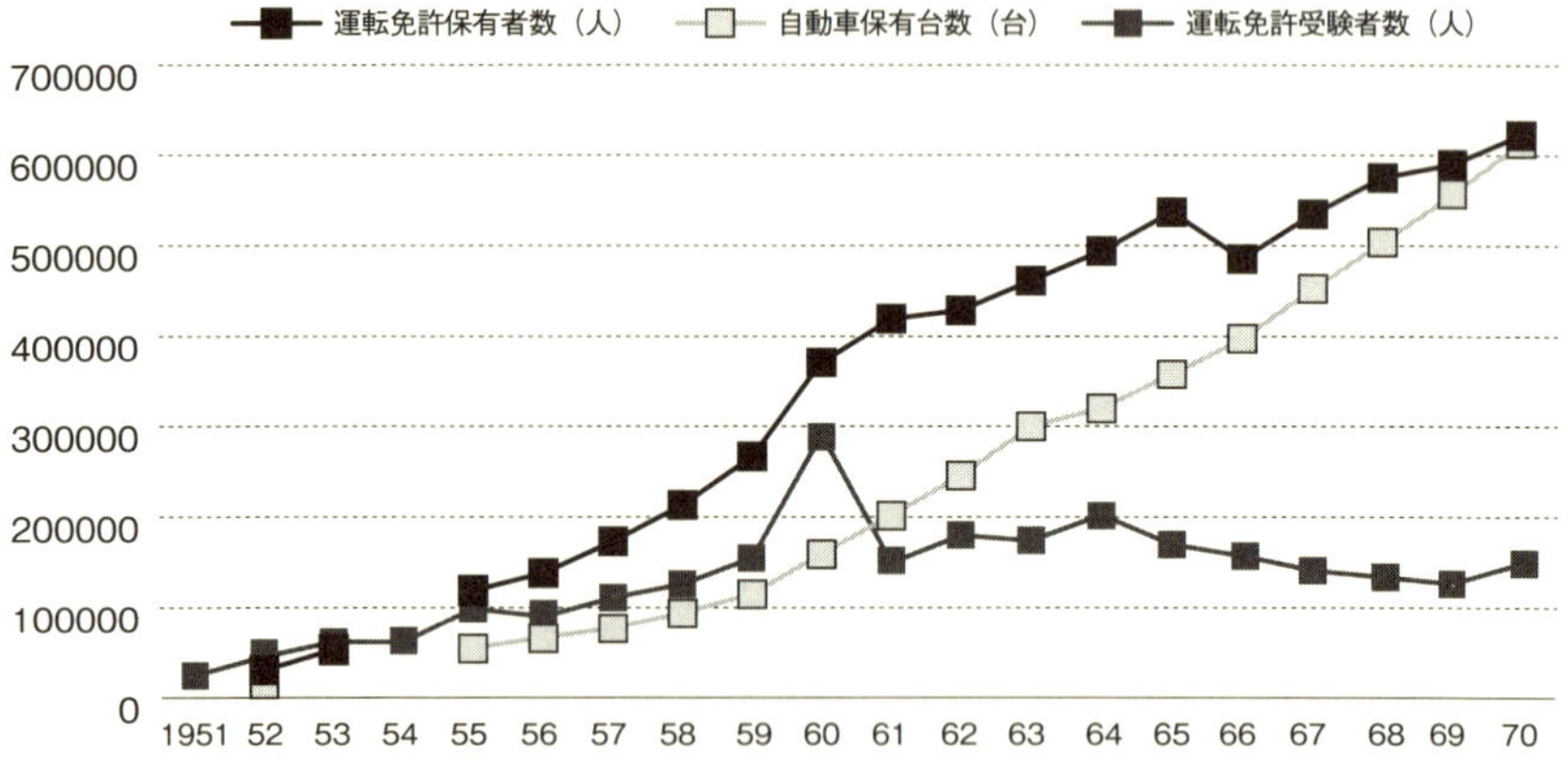

図８　運転免許保有者および受験者数と自動車保有台数の推移（京都府）
国家地方警察京都府本部（1952）、
京都府警察本部『交通年鑑』、『京都の交通』、『交通統計』各年版から作成

させるにあたって、自動車販売側は戦略的であった。運転免許がなければ普通は自動車を買わないであろうことは自明である。自動車保有の前提というか下地づくりを着実に進めていたことがうかがえる。

しかし、その後モータリゼーションの進展とともに各家庭における自動車保有が当たり前のこととなると、運転免許保有は、成人の通過儀礼のごとく、免許取得可能な年齢になると自動車教習所に通うと言うことが当たり前となっていった。そして、保有者数の統計情報以外にはまず言及されることのないものとなり、研究なども少ない。

それでも、自動車の利用を考えるにあたって、運転免許制度を検証することは重要である。運転免許制度は、自動車を種々の面で他の交通手段との比較において特殊にしている。特に個人的な色合いを強める原因となっている。なぜ、同じ自動車による移動でありながら、自家用車利用とタクシー利用は大きく異なるのか。こうした点について、常に注意を払うべきである。

[注]

22　自動車保有台数については社団法人日本自動車工業会編「自動車統計年報」各年版を参照。運転免許保有者数については、一九六五年以前が警察庁交通局編「交通事故統計」及び「交通統計昭和四二年版」を、六六年以降は警察庁編「免許統計」を参照している。本来、自家用乗用車の保有動向を把握するためには、保有台数や免許保有者等について、四輪車や乗用車に限った検証を行うことが望ましいが、運転免許制度により取得免許以外の車種に乗れること、運転免許制度の改正が頻繁で経年の把握がしにくいこと、モータリゼーションの初期段階における二輪車の比重が大きいこと、などから、二輪、原付などを含んだ全体の数値による検証、比較を行っている。

23　京都府における自動車保有台数及び免許保有者、受験者数については、一九五二年は国家地方警察京都府本部編「交通事故統計」、五五年、五六年については京都府警察本部編「交通年鑑」各年版、五七年から六〇年は同編「京都の交通」各年版、六一年以降は同編「交通統計」各年版を参照している。

第2章

事業所と自動車の普及

2-1　事業所の自動車保有状況

個人の家庭への自動車普及については、「中小企業の自家用兼商工業用運搬具としての需要が高いということである。すなわち中小企業主導型とも称することができよう」（佐藤 1965: 27）との指摘があるように、国内でのモータリゼーションの初期は、業務利用、貨物等が牽引となっていた。ここではこうした勤務先である事業所の保有車両やそれを業務利用することが、従業員に対して与えたであろう影響を分析する。

通商産業大臣官房調査統計部編の「製造業事業所における自動車保有状況調　昭和三三年」によると、一九五八年の末時点で京都府域に自動車を保有する製造業事業所は四〇二八事業所あり、全事業所の約五七・九％が自動車を保有していたことがわかる。全国の六三・八％よりやや低くなっている。同年の全国の自動車を保有する製造業事業所一三万五七〇一の約三・〇％である。保有されていた自動車（原動機付自転車を含む）の台数は七九七二台であり、全国の保有台数二八万九二七二台の約二・八％である。

また、「商業事業所における自動車保有状況調 昭和三三年」によれば、同じ時点で京都府域に自動車を保有する商業事業所は四六八〇事業所あり、全事業所の四四・七％が自動車を保有しており、やはり全国の五一・四％よりやや低い保有率であったことがわかる。台数は九三二六台（原付を含まない）であり全国の台数四〇万一五一七台の二・三％である。

特筆すべきは製造事業所における保有事業所の数及び台数が、五年前の一九五三年時の調査時と比べて、それぞれ三三七・一％、三九九・八％と全都道府県中最も高い増加率を示している点である。この五年間で京都府域の製造業事業所において、極めて早いスピードで自動車の導入が進んだことになる。

一九五八年時点の京都府域の原付を含む自動車の台数は九万三二四一台であり、製造事業所及び商業事業所において保有している台数一万七二九八台は、その一八・六％にあたる。

2-2 従業員との関係

一九五八年頃の利用状況の一分野として、製造事業所と商業事業所とによる業務利用が高い伸び率を示しており、自動車利用の普及の一端を担っていたことがわかった。自家用車と個人の関係で見ると、製造事業所及び商業事業所の従業員への強い影響があったと推測される。従業員の全てが運転免許保有者ではなかったであろうが、複数の従業員が運転免許を保有し事業所の自動車を交代で使用していたことは想像に難くない。こうした状況は運転免許を保有していない者に対する、取得の強い動機付けになったと思われる。

こうした事業所と従業員の関係が推測できる調査資料として東京都内を対象としたものであるが、日本機械工業連合会による「自動車市場調査―トラック関係―昭和三三年六月」がある。一九五七年に都内の約六〇〇の事業所に対して面接調査を実施している。トラックを主として運転する者についての設問では、小型四輪トラックでは七一・一%が店員、一四・七%が家族従業者、一四・三%が事業主となっている。また小型三輪トラックではそれぞれ、八一・二%、八・九%、九・九%という調査結果となっており、高い割合で従業員が運転していることがわかる。小型四輪免許所有者数と小型四輪トラック所有台数との関係の設問では、所有台数と同じ数の免許保有者がいるところが四一・〇%、台数より免許保有者が一人多いところが二九・〇%、二人多いところが二〇・六%、三人以上多いところが九・三%となっており、六割弱の事業所が台数を上回る免許保有従業員を有している。また従業員規模の大きな事業所の方が台数を上回る免許保有者が多い傾向にある。

先に運転免許の受験者数の推移を見たが、実在する保有台数を遙かに上回る数の者が、毎年試験を受験していた。自動車に関する意識の高まりや、いつかはマイカーを持ちたいとの強い希望があったとしても、当面、全く自動車に乗る機会の見あたらない者が、そうした希望に押されて必要な手数料を負担して、当時合格率の低かった運転免許試験を受験することは少なかったのではないだろうか。ドライブクラブなども考慮すべきであろうが、日常的に、なにがしかの自動車の運転ができる環境がなければ、免許の取得に向かうことは少ないと考えられる。そうすると、近日中に自動車を保有する見込みがない場合は、勤務先での業務利用か、近隣の知人からの一時的な借用などが見込めたからこそ、この高い受験者数があったと推測できる。この時期に事業所における自動車保有と業務利用が、免許取得の動機付けとして大きな影響を与えたと考えられる。

免許取得の熱度が一九五〇年代から高まり、保有台数の伸びより先に一九六〇年の半ばまでにピークを迎えていることの背景の一つが、事業所への業務用の貨物自動車などの急速な導入に伴う、従業員による免許取得であったと推測することができるだろう[☆24]。

［注］

24　たとえ自発的な取得ではなく、業務上必要な取得であったとしても、運転免許は汎用的なものであるから、取得は義務的であっても、いったん取得すると自動車保有の条件が一つ整ったことになる。

第3章 レジャーと道路

3-1　ドライブウェイの開通と駐車場の設置

当時の自動車利用にまつわる環境として、業務利用のほかにレジャー利用との強い関係が確認できる。それは観光道路、ドライブウェイの整備であり高速道路の着工である。自動車の実用的な利用基盤としての道路整備とは別に、レジャーでの利用や自動車保有に向かわせる要因として、観光面、レジャー利用に係る道路整備に着目する。

京都市は、レジャーの振興を目的とした道路整備や駐車場整備が、全国に先駆けて実施された地域である。

まず、一九四九年に観光道路という位置づけで山中越道路と宝ヶ池公園道路の工事着工が行われている。

また、金閣寺、御室、嵐山方面の観光対策として、金閣寺から仁和寺を経て一条通と合流する衣笠宇多野線が一九五五年に着工された。次に関連施設整備として一九五二年に国内最初の観光駐車場として約一万㎡の清水坂観光駐車場が開設され、その後一九五五年までに嵐山、銀閣寺、京都駅、高雄、金閣寺の合計六カ所に整備された。当時の施策について「一九五〇年代初頭の全国の自動車普及率は，一〇〇〇人当たりわずか四・三台であったから，京都市は，マイカー時代をはるかに先行して，明確に乗用車，バス利用の観光客を吸引する政策を行っていたのである」（土井ほか 2001: 122-123）と評価されている。

当時他府県などからのバス観光が一九五二年に既に二百万人／年を越えており、春秋のハイシーズンには一日一万人を越えていたから、観光政策としては明確なターゲットなり対策の必要性があったと言える。しかし、あとでみるように当時京都市内の道路の多くが未舗装であったことも考えると、業務利用のための一般道路の整備よりも観光目的の道路、施設整備が優先しているかに見える事業展開は、当時の自動車保有の予備軍に与えた影響などを考えるに当たって興味深い。

また、同時期にドライブウェイの建設も進められた。一九五八年に大津市の田の谷峠から比叡山頂まで約八・一㎞の有料道路比叡山ドライブウェイが開通した。続いて、一九五九年に東山ドライブウェイ、一九六五年に西山ドライブウェイ、一九六六年に奥比叡ドライブウェイが開通している。こうしたドライブウェイの整備は行政による直接的なものではなく、第三セクター方式の比叡山自動車株式会社や日本道路公団などがその整備を行っているが、京都市を中心とした自治体が積極的な関与を行うことにより実現したものである。このようにして、この時期に京都市周辺の観光向けの道路及び施設整備がほぼ現在と近いかたちにできあがった☆25。

こうした観光向けの道路及び関連施設整備は京都市に限って進められたことではなく、全国の観光地で行われている。箱根に全国で初のモーテルが開業したのもこの時期である。当時の自動車関連雑誌にも毎号のようにマップ付きの全国各地のドライブコースのガイド記事が掲載されており、当時、政策の側も個人の側も自動車利用の主要な目的のひとつとしてレジャー利用を位置づけていることが見てとれる。

3-2　道路政策と舗装

一九五〇年代から観光道路やドライブウェイが積極的に整備されていた頃、一般の道路の舗装や整備などがはかばかしく進んでいたわけではなかった。当時の道路の状況であるが、一九五九年時点の京都府域の国道、府県道は合わせて二五三四kmあり、簡易舗装を含めた舗装済み道路は二一五kmとなっており、舗装率はわずか八%程度に過ぎない。京都市域では四二五kmの延長に対して一六九kmが舗装済みである（舗装率約四〇%）。市町村道については、府域の延長一万一千五〇九kmのうち、舗装済みが二五二km（舗装率約二%）、京都市域では延長三〇九二kmのうち舗装済みが四七三km（舗装率約一五%）という状況である。この頃、道路舗装に対する地域の要望も非常に強く、京都市議会に議員を通じた多数の請願がなされているが、財政面からなかなか実現できずに市民を含めて大きな議論がなされたこともあったことが確認できる☆26。

一般道路の整備、舗装が着実に進んでいなかった当時の状況を如実に示すことがらとして、自動車取得税の創設がある。自動車取得税は全国的な目的税となる前に、法定外普通税として都道府県が独自に条例により課税していた。京都府は、愛媛県と徳島県に次いで全国で三番目に条例による課税を始めている。その内容であるが、課税客体は「自動車の取得」、課税標準は自動車の取得価格、税率は自家用車が三％、営業用が二％であった。その後一九六八年に法定の全国一律での目的税となり、法定税率三％で、自家用車については道路特定財源のひとつとして五％という暫定税率が適用された。

一九六〇年の京都府総務部税務課の作成資料「自動車取得税の概要」によれば、「道路行政費の充実、交通警察費等の強化を図ることは緊急の要務でありますので、自動車取得者の担税力と自動車台数の増加、走行量の増加が道路に及ぼす影響が大きく、その他自動車と道路との関係が極めて深いことに看目して、自動車の取得時という比較的担税力のある機会に一時的かつ低率の負担をお願いして、これらの経費に充てる」と、その創設の趣旨を説明している。また、税の新設を選択した要因としては、「道路行政には、年々多額の府費をつぎ込んでおり、またその財源として地方道路税等がありますが、未だ未改良、未舗装のものが多く、かつ、その財源に乏しい」といい、一九五四年に策定された道路整備五箇年計画を画期的と評価しつつも、それにより整備される地方の道路は僅かなものであると述べている。

このように、当時の道路整備が、新税の創設という、住民に負担を強いる政策手段を選択せざるを得ないほどに進捗していなかったことがわかる。先のドライブウェイ整備などはこうした時期に並行して実施されていたのである。

3-3　高速道路着工の影響、意味

一般道路の舗装が遅々として進んでいなかった時期に、観光用道路とは別に、既に高速道路の建設が行われていた。名神高速道路の建設は一九五六年のワトキンス調査団の報告などを受け、国土開発縦貫自動車道建設法など必要な法整備のもとに国策として進められた。一九五八年に着工され、一九六三年に全国で初めての高速道路として、栗東から尼崎インターチェンジまでの約七一kmが開通した。そして一九六五年には全線一八九kmが開通する。建設費は一千一四八億円を要している（日本道路公団 1966）。

名神高速道路の着工の当時は、先に見たように一般道の整備が進まず、たくさんの道路が未舗装であった。また、そもそも当時高速道路を高速で長距離走行できる車種は未だ限られており、その点においても需要に先行した整備であったといえる[☆27]。しかしそうした時代であったからこそ、高速道路の着工が、人々に今後の自動車社会の未来を予感させる大きな役割を担ったことは想像に易しい。人々に与えた心理的な影響は大きかったであろう。

併せて見ておきたいのが、カーレースの開催やスポーツタイプの車種の販売である。一九六一年の自動車ショーにはダットサン・フェアレディやスカイライン・スポーツなどのスポーツカーが複数出展された。フェアレディは翌年に八五万円という価格で販売が開始された。また、一九六三年には第一回日本グランプリが鈴鹿で開催されるなど、モータースポーツの黎明期であった。

一般道路の多くが未舗装であり、一般のサラリーマンが自動車を保有する環境が十分に整っておらず、また高速長距離走行ができるほど性能の優れた国産車が不十分な一九六〇年代の前半に、他方ではハイウェイが整備され、最高時速一五〇kmのスポーツカーが市販されていたのである。始動期のモータリゼーションの推進力の一部が、実質的な需要に基づかないかたちの、漠然とした未来に向けてのムードによって担われていた面があったということが推測できる。

［注］

25 土井勉らによる検討（土井ほか 2001）や京都市建設局発行「建設行政のあゆみ」（京都市 1973）などを参照。

26 京都市議会でのやりとりについては、京都市建設局発行「建設行政のあゆみ」に詳しく紹介されている。

27 一九六一年に建設中の名神高速道路の山科地区において、自動車メーカーによる高速走行試験が実施され、欧州車は時速一〇〇kmを越えてもスムーズに走ったが、国産車は激しい振動が生じたといわれている。しかし、国産メーカーは高速走行への対応を進め、一九六四年にはトヨタがコロナで名神高速道路における一〇万kmの連続高速走行耐久テストを成功させている（桂木 2007）。

第4章

国産車販売の状況

4-1 当時の時代背景——国民車構想

戦後の自動車をめぐる政策として、一九五五年のいわゆる「国民車構想」の状況から、当時の国産車をめぐる背景を確認しておく。

一九五五年五月一八日に日本経済新聞がいわゆる「国民車構想」を記事にした。記事には「通産事務当局ではわが国乗用車工業を振興するため国民車育成要綱の作成を急いでいたが、このほどこの事務当局案がまとまった」とある。そこに示された国民車の主な仕様は次のとおり。

一、国民車として選ぶ車は少なくとも ①最高速度は時速一〇〇キロメートル以上出せること ②乗車定員は五人、または二人と一〇〇キログラム以上の貨物が積めること　③平たんな道路で時速六〇キロメートルの時には一リットルの燃料で三〇キロメートル以上走れること　④大掛りな修理をしないでも一〇万キロメートル以上走れることなどの条件を備えなければならない。

一、国民車は月産二〇〇〇台の場合には一台当り一五万円以下で作れるものでなければならない。このためには購入部品、原材料費は一台当り一〇万円以下、直接工数は同七〇時間以下に抑えることが必要である。またこのような性能、価格上の条件から、国民車のエンジンの大きさは排気量三五〇cc～五〇〇cc、車の重量は四〇〇キログラム以下が適当とみられる。(『日本経済新聞』1955.5.18 朝刊)

自動車の仕様に関する記述は以上で、企業はそうした仕様に準じた試作車を作成し、通商産業省(当時)がそれを段階的に評価することにより、最終的に技術の基礎が十分で、国民車の量産化を行うにふさわしい企業を一社選び、その一社を集中して育成する旨が示されている。

国民車構想が発表された当時、政府を含めて一般には自動車輸送なり需要の中心は、トラックやバス、タクシーとの認識であり、この時期、営業車両以外の乗用車のしかも自家用車の需要が拡大することは予測されていなかった。乗用車は外国製と、外国の部品を国内で組み立てたいわゆるノックダウン車がほとんどであり、多くの需要をタクシーとしての利用が占めていた。運輸省(当時)などは安定した性能の外国製を中心に導入すべきであり、国産車はまだまだとの判断をしている。一九五三年の国会で当時の運輸省官僚は次のとおり、国産自動車は「悪かろう高かろう」と言い切っている。

そこで、もとより国産自動車けつこうでございますから、その生産増加をはかつておるのでありますが、なかなか思うように伸びずに、本年の生産目標もわずか七〇〇〇台になるかどうかという状況でございます。のみならず国産自動車の欠点は、悪かろう高かろうという状態でございまして、大量生産の方式をとつていませんし、長い間の経験もないために、どうしてもその性能が劣って、価格は反対に非常に高いという状態なので、そのような国産車だけを需要者に押しつけるということははなはだ不合理なわけでございますので、それを補うものとして外国製の優秀な自動車を輸入すべきであるというのが、運輸省の強い要望でございます。この点が通商産業省の生産行政あるいは通産行政と、いろいろと相対するような問題もございまして、なかなか輸入が十分にされていない状態でございます☆28。

こうした時代背景の中で発表された国民車構想であることに十分留意しなければならない。この構想案が広く示されたことが、その後の自動車関連企業、自動車の購買を夢見る一般のサラリーマンなどに与えた影響は大きなものがあったであろう。

4-2　当時の国産車――国民車・大衆車

国民車、大衆車との関連で国産車の商品の状況を確認すると、まず、一九五八年に富士重工業がスバル三六〇を発売する。発売当時の新聞では「国民車第一号」として紹介されている。価格は四二万円を超え、国民車が想定していた二五万円を大きく上回っていた。小磯勝直は「これより五年前の昭和三〇年、自動車業界を震撼させた通商産業省（当時）の国民車構想は、ついに陽の目を見ずに消えたが、以来、大衆需要の掘り起こしを狙う乗用車モデルの開発は、地下に潜行するかたちでメーカー各社の間に進行していた。その第一陣ともいうべきスバル三六〇が三三年春にデビューしていたが、廉価の実現にはいま一歩」（小磯 1988: 135）としている。スバル三六〇は性能は高く評価されつつも価格面などから国民車として受け容れられはしなかった。しかし、軽自動車の量産としては最初のものであり、小磯は「マイカー需要創出のトップバッター」（小磯 1988: 100）といっており、その評価は妥当なものであろう。

次に一九六〇年に三菱５００とマツダR３６０クーペが発売される。三菱５００は国民車構想を忠実に実現した車種であり、価格も低廉であったが、排気量から軽自動車の優遇措置は受けられず、一方他の小型四輪自動車との比較では廉価な故のハンディがあり、その中途半端さから市場の評価は低かったようだ。マツダR３６０クーペは二人乗りであるが販売価格三〇万円といったこともあり、三菱五〇〇以上に国民車的な受け容れ方がなされた。小磯は次のようにそのインパクトを分析している。

> 三〇万円カーの発表である。この価格は乗用車の大衆需要に、いっきょに火を点ずるであろうことが容易に想像できた。マツダR３６０クーペ発表の翌二三日付新聞が、一斉に国民車の出現を匂わす報道にスペースを割いたことは言うまでもない。昭和三〇年代を通じて、国民車という用語と意識は、業界はもとよりマスコミにも鮮烈に生きていた。その出現を待望するような問題意識が下地にあったことが、三〇万円カーと、意識としての国民車を結びつけたのである。（小磯 1988: 135）

国民車の関連で最後に取り上げるのは一九六一年に発売されたトヨタのパブリカである。パブリカも発売当初は国民車として取り上げられた。トヨタが当時の市場を十分に考慮して開発、販売したパブリカにおいても当初は思うように売れず、一九六三年にデラックスを発売してようやく販売台数が伸び始める。

小磯は当時の自動車保有予備軍の意識の様子を次の通り捉えている。

> 望むほどに遠いあこがれの商品・マイカーの夢…。それがR360クーペ発売の三五年ごろともなると、いわゆるペーパーオーナーと呼ばれるマイカー族予備軍が巷にあふれていた。昭和三〇年ごろに始まる家庭電化時代を経験して、くらしのなかにさまざまな機械をとり入れる風習にも、日本人全体がなじんでいる。その意味ではかつての花鳥風月を愛好する国民性から、便利で合理的な生活に充足感を味わう国民性へと、日本人の生活感覚が変貌をとげたことも見逃せない要素である。（小磯 1988: 146）

こうしたタイミングにおいて、これらの国民車を思わせる比較的低価格な車種が各社から販売されたことに着目すべきである。ここに取り上げた車種は、一九六〇年代の前半には自動車関連の雑誌などでは国民車、大衆車というカテゴリで頻繁に取り上げられている。自動車の保有に向かわせる環境要因として、国産車の生産と販売の拡大が与えた影響は大きなものがあったと評価すべきである。しかしそれは国産車販売が保有をけん引したというよりは、運転免許取得や事業所における運転機会の増加など他の環境が十分に整った、機が熟したところに、価格を含めた適切な商品が投入されたという意味合いにおいてであろう。

これまで、運転免許の保有や観光道路の整備など、自動車の保有に向かう環境が整っていく状況を見てきた。それらを前提なり下地として、最後に商品として適切な車種が販売されることにより、自動車の保有のための環境が整ったという流れを確認することができるだろう。

［注］

28　一九五三年六月二四日　衆議院運輸委員会における中村豊政府委員の発言。第一六回国会衆議院運輸委員会議事録。

第5章

個人の自動車の利用目的の動向

本章では、モータリゼーションの始動期、初期における、個人の需要動向を調査した資料を、利用目的に焦点をあてて見ていく。

一九六〇年以前は、事業所での保有状況や業務利用の様子を対象とした調査が主であったが、一九六〇年以降は、乗用車関係の意識を調査したものがいくつも出てくる。このころから、それまでの業務系、貨物自動車の普及とは別に、個人が自動車を保有する動きが顕在化してきており、自動車業界などにおいては、その将来動向を推測することが必要となったのであろう。そのうちいくつかの調査結果から、主に利用状況、利用目的に関連する内容を取り上げる。

社団法人日本機械工業連合会が継続的に実施していた「機械工業基礎調査報告書」の中の『乗用車個人需要の普及水準と変化の方向 昭和三八年一〇月』及び、一九六一年に朝日新聞社が実施した調査についても利用目的の点から検証し、当時の需要の特徴、方向性などを確認する。

朝日新聞社に「自家用車――その実態と意見」という調査がありその概要を記しておく（朝日新聞社

1961)。当時の東京地区における乗用車に関する意識調査である。調査書によれば、調査の目的は「めざましい発達をとげているわが国の乗用車マーケットの実態を明らかにして、広告政策の参考資料を得ること」また、「一般家庭における乗用車保有状況および一般男女の乗用車への関心度、イメージ、欲求度、などを知り、現在の自動車ブームの底に流れる乗用車への意識の方向、態度を把握」するためであるとしている。「今まで憶測のままで考えられていた多くの問題が明確に」なったとあるとおり、自動車保有が急加速する前の段階における自家用車オーナーとその予備軍の意識を知るための貴重な調査である。調査は、乗用車の所有者を対象としたものと、無作為抽出した者を対象としたものの二種類が行われている。所有者を対象としたものは、鮫洲陸運局管内の普通車、小型車及び軽四輪の乗用車約一二万六〇〇〇台の所有者から、東京二三区内の六〇〇人をサンプリングして実施されている。一般を対象としたものは、二三区内居住の二〇歳以上の男女一〇〇〇名をランダムに抽出し実施された。どちらも個人面接による。調査書によれば、調査当時の自家用車保有は世帯に対して七%程度であった。

5-1　需要動向調査の概要

まず、『乗用車個人需要の普及水準と変化の方向』によると、一九六三年三月時点での勤労者世帯における個人所有乗用車の普及率は三・四%である（関東、東海、近畿の都市圏）。保有の状況は職種及び収入による偏りが著しく、管理職、自由業に限ると普及率は一五・二%となるが、一方、労務職は一・二%と極端に低い。また個人保有車両の六〇％以上を年収が八〇万円以上の高所得者層が占めている。未だ一般の勤労者世帯への普及の前段階であることが見て取れる。

また、勤務先が自動車と関係のある世帯主の方が、そうでない世帯より約二倍の割合で自家用車の購入計画を持っている。そして、知人・親戚に乗用車を保有している世帯がそうでない世帯の三倍近い購入計画率を示している。第2章で見てきた、事業所などの勤務先や近隣などにおける自動車体験環境と購入意向との関係が裏付けられていると言える。

さらに、運転免許の保有との関係について、運転免許保有者のいる世帯の方がそうでない世帯より二倍以上の購入計画を持っているとの結果が出ており、運転免許保有と購入意向との深い関係が確認できる。また、勤労者世帯における免許保有率について、朝日新聞社が行った調査と比較している。朝日新聞社の調査時点の一九六一年では、勤労者世帯における免許保有世帯の割合が一四・一％、取得予定のある世帯が九・〇％であるのに対して、当該調査の一九六三年では、それぞれ、二五・六％、二七・二％となっており、「勤労者世帯における最近の免許取得ブームの一端がしのばれる」（社団法人日本機械工業連合会 1963: 104）と評価している。第1章で見た免許の受験者数が一九五〇年代後半から一九六〇年代の前半にかけて急激に伸びてピークを迎えたことと符合する。

購入動機についての設問においては、勤労世帯の自動車非保有者は「通勤や仕事に必要（四二・六％）」「乗用車が好きだから（二七・九％）」「ドライブ等の余暇の活用のため（二四・六％）」の順の動機となっている。これを既保有者と比較すると、「通勤や仕事に必要（五六・八％）」「ドライブ等の余暇の活用のため（一七・八％）」「乗用車が好きだから（一一・〇％）」となっている。また、世帯のうち誰が購入について強く主張しているかという購入主張者の調査では、世帯の「主人」とする割合が既保有者、非保有者とも同様に六割以上の高い数字を示すものの、「主婦」「息子」との回答が非保有者の方が著しく高い。調査書では「既オーナーの（中略）実用本位の理由から、「乗用車が好きだから」「余暇の活用」のために購入したいという世帯が大幅に増えている」と評価している。調査結果において、これから購入しようとしている世帯については、単に自動車に乗ることが目的であったり、レジャー志向であったり、趣味的な傾向が既保有世帯より強いことを確認しておきたい。

既保有世帯の利用状況については、自動車利用における私用の割合について尋ねている。勤労世帯において私用が五〇％以下である者の割合は、約六一％であり、調査では「現状ではまだファミリーカー的な使われ方よりも業務用的な使われ方のほうが優っている。このことは購入動機の面からも裏付けられ、わが国の個人所有者の後進性の一端を示している」と評価している。

通勤については、自動車を個人購入した勤労世帯のうち六七・六％の者が通勤に使用と回答している。自動車非保有者の購入動機において「通勤や仕事に必要」が四二・六％であったことと比較して高い率である。

通勤を除くと、既保有者に対して利用状況そのものを問う設問がない。関連する設問としては、自動車の保有による生活の変化を尋ねたものがあり、勤労世帯では「仕事や生活が便利（五五・一％）」「生活にうるおいが出た（レジャーその他）（二九・九％）」「通勤の苦労からの解決（一五・〇％）」である。

朝日新聞社による調査について利用目的の観点から見てみる。まず、特筆すべきは自動車保有者に対する設問で、詳しい利用目的について尋ねているものがないことである。利用目的については「私用

（三二・三％）」か「事業用（六七・七％）」かの二者択一の設問があるのみで、通勤であるかレジャー利用であるかといった設問はない。調査の目的は広告獲得のための自動車業界への情報提供であったと思われるが、当時販売戦略としてもあまり詳細な利用目的が重視されていなかったことが推測できる。

しかし私用と回答した一六二名のうち、五〇％の者の職業がサラリーマンであることは興味深い。回答者約五〇〇名のうち、サラリーマンで私用で自動車を保有している者が一六％程度いることがわかる。また、五年以内に購入予定ありと回答した者に車種の選択理由として、利用目的に近い質問がなされており、有効回答三七のうち六者が「家族のため」と、また二者が「通勤用として」と回答している。

5-2 当時の利用目的

自動車の既保有者や保有の予定者に対するアンケート調査などから、利用目的の状況について見てきた。次に利用の実態であるが、当時の通勤などにおける自動車の利用実態を検証した統計は確認できないため、少し後の時代の関係する調査統計を見る。「昭和三九年度運輸白書」によれば、一九六四年の自家用乗用車の輸送目的は、その約八〇％が業務利用であり、通勤通学が八・八％、観光行楽が二・六％、家事私用が四・七％となっている。一九六四年度の自家用乗用車の輸送人員は前年度と比較して三二％増となるなど、急激な伸びを示しているが、その多くは業務利用であったことがわかる。これまでのアンケート調査が世帯における個人保有を主な対象としたものであったのに対して、この調査はいわゆる白ナンバーの車両全体の統計であり、事業利用が大半を占めることとなっている。業務利用を除くと「通勤通学」「家事私用」「観光行楽」の順となっている。「家事私用」とは、送迎や荷物運搬などであろうか。想像となるが比較的個別性の高い目的であろう。

多くの自家用車ユーザに共通の利用目的としては「通勤通学」と「観光行楽」となる。「観光行楽」は、休日のドライブ、レジャー利用であろうが、数字の上ではあまり頻繁なものではなかったと考えられる。当時の自動車雑誌においても紹介されるドライブコースは、長距離コースが多く週末ごとに頻繁に出かけるような想定は少ない。このことからレジャーを含めても多くの利用はできなかったであろうことが推察できる。

当時の需要動向においては、武田が「見せびらかしの消費」と評価した（武田 2008: 106）ように、自動車が利用目的に関して極めて汎用性の高い道具であることから、漠然とした様々な「利用可能性」に基づいて保有が進んだ面があることが一定確認できたと考える。当時、一般の道路の舗装が遅々として進まないにもかかわらず、ドライブウェイが開通したり、高速走行が可能な車両が十分にない状況の中で高速道路が着工されたことなどについても合わせて考えると、当時の自動車保有の動機としての利用目的が、決して必要性の高いものばかりでなかったことが推測できる。自動車の保有は、こうした曖昧な動機により始まるという面を有していたのである。

5-3　自動車の利用の始まり

ここまでで自動車の利用の始まり、背景を含めた流れについて見てきた。

道路が整備される前から、また適当な保有対象となる商品が発売される前から運転免許の保有熱が急速に高まっていた。保有できる自動車も利用目的も少ない状況の中で、運転免許の取得が進んださまをみた。それが進んだ背景の一つとして事業所における自動車利用を取り上げた。インスタントな目的地として、レジャー利用のためのドライブウェイが整備されたこと、高速道路が先行して整備される中で、日常的な自動車利用の基盤となる一般道路の舗装の進捗が遅れていたことを見た。運転免許を一旦取得した者は、自動車保有に向かうこととなるが、適切な商品の市場への投入は、運転免許の取得の高まりにやや遅れるかたちでなされたことをみた。

そして、それらの全体と関連するアンケート調査の結果から考えると、当時は明確な利用目的というものが存在しなくても、やや曖昧な想定利用目的といえるようなものを主要な動機として、免許の取得と自動車の保有が進んでいた面があるということが確認できるだろう。しかし、購入の動機は曖昧であったとしても、保有したら何らかの利用を行うことも当然のことであり、実際の自動車利用を着実に増やした。そしてそれと呼応するかたちで、その後徐々に、道路の整備とニーズの高い利用目的の対象となる施設が着実に増やされ、それにともなって、さらなる利用を生み出していった。

これが、自動車の利用の始まりの描写である。もちろん全ての利用がこのようであったと言うことではなく、大きな動き、流れとしてはこうした傾向があるということを確認したいのである。大きな流れ、順番として、やや大括りではあるがこうした動き方、傾向を確認することが、自動車について詳しく考える際、特に政策を検討する際には必要な作業であると考えている。

ここまでで、自動車の利用の前に存在する意識の動き、振る舞い、ということについて、免許の取得や自動車の保有という面から確認した。次章で、そのことを踏まえ現在の自動車の利用と利用目的について、カーシェアリングと自家用車の比較の中で考える。

第6章

自動車の利用目的と利用の関係の再考

6-1 「利用目的」と「利用」の関係——自家用車の構図

第2部のこれまでを通して感じることは、自動車の利用目的というものが、その始まりの時期においては、実は曖昧な面を多分に持っていたということである。自動車の利用目的と利用とは、目的とそれを達成するための道具の利用というような、単純で直線的な関係ではなく、そこに保有という行為が加わり、それらの関係に曖昧な部分を持ちながら、とりあえず始まった。少なくともそうした面が一部にあったことは、概ね了解されることと思われる。

しかし、はじまりの関係は曖昧であっても、現実にいったん自動車保有がなされると、あとは新しい利用目的を生んで着実に利用が増えていく。そしてその利用に合わせて、道路基盤や目的地施設などの整備がなされ、さらに新しい利用を生んでいく。そして、周知のとおり自動車の利用は爆発的に増加した。

図示すると次の通りとなる（図9）。

想定の利用目的があれば、免許の取得や自動車の購入の検討などに対して強く動き始め、自動車の保有に行き着く。図の左側で、遅々として進まないまでも一般道路や高速道路、駐車場などの利用環境整備への着手がなされ、販売事業者などは積極的に活動、アプローチする。しかし、その影響は保有をもっていったん終わる☆29。そして図の右側において、自家用車の存在を前提に、道路基盤や目的地施設などの整備、充実とあいまって、利用が増える好循環のサイクルが生まれる。

この構図が、これまでの自家用車によるモータリゼーションの中で自動車の利用量、走行距離が増えたしくみの、個人の動きを中心とした、いわばエンジンの部分である。保有後は自動車の存在を前提に図の右側だけで、どんどんサイクルがまわり、拡大していく。左側と右側をあわせてモータリゼーションが進展していくので、左側がないと右側もないのであるが、自動車の利用量が増えるのは主に右側のサイクルがまわることによってである。

そして重要なことは、図の左側は保有でいったん終わり、図の右側のサイクルとは「切れている」ことである。第2部において確認してきたのは、まず図

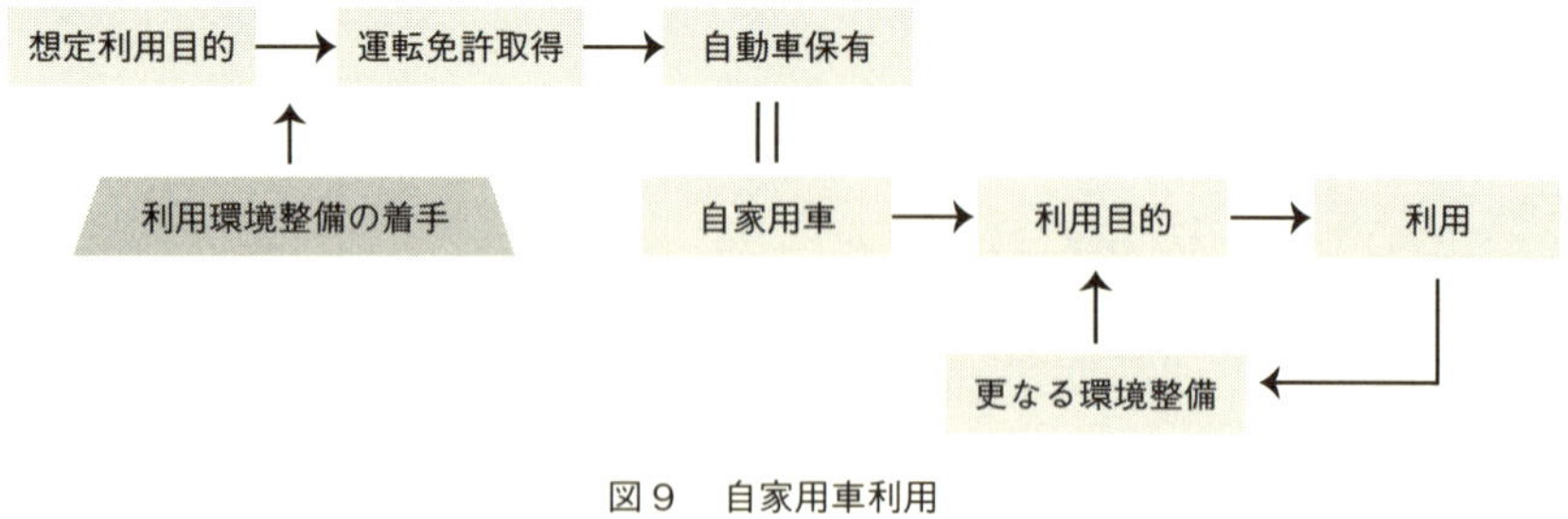

図9　自家用車利用

の左側の大きな動きであり、そしてその大きな動きに対する右側における利用環境の遅れた状態である。右側と左側が切れていることから、保有前の想定利用目的や思惑と保有後の利用目的や利用に何らかのズレが生じてもおかしくない。想定の利用目的を実現するための環境が未だ整っていないのに、免許の取得や自動車の保有が進むのであるから、そう言わざるをえない。そもそも自動車の利用を始めようとしたきっかけであるところの想定の部分と、保有後の実際の部分とが違っていても支障がないかたち、構図であったということである。それでも右側のサイクルはそのサイクルだけで動き続ける。

カーシェアリング以前は、自動車の保有をする以外に自動車を利用することができなかったので、この構図はモータリゼーションの初期から現在まで、自家用車については基本的に同じかたちである。この利用目的と保有と利用の関係の構図は、自動車の利用環境や目的地、対象施設が整い、成熟し、自動車社会と呼ばれている現在においても、その中に含まれているはずである。

現在はモータリゼーション初期と比べると右側の自動車に係る基盤、環境は飛躍的に整備されており、左側と右側とのちぐはぐなところは少なくなっている。整った右側の環境を前提とした想定の利用目的は、保有後の利用目的と近似しているだろう。しかし、図の左側と右側が切れていても支障がないという点については変わっていない。似ていても図の左側と右側の二つの利用目的は別のものとして捉えることが必要である。また、切れていても右側はその中でサイクルがまわるという点も変わっていない。モータリゼーションを推進してきたサイクルと枠組は、現在においてもそのシステム内に健在なのである。

図の右側と左側が切れた枠組みであること。図の右側だけでも進むこと。そしてそれが現在も残っているであろうこと。これらの点をしっかりと確認しておきたい。筆者は過去においても現在においても、左側と右側が切れていて、それでも全体として進むところが自動車というシステムの強靭さ、腰の強さであると考えている。想定の利用目的を実現するための環境が未だに整っていなくても保有が進む。このように前後の順序がおかしくても、ちぐはぐでも進むところ、この強さが、世界の多くの地域でそれぞれに大きく環境、条件、時代は異なるにも関わらず、自動車の利用が一様に増える大きな要因であろう。

そして、これまでの都市交通政策は主に右側の部分において走行距離の縮減のための施策が検討され、実施されてきたと言える☆30。

6-2 カーシェアリングのかたち

カーシェアリングについては、少し違う構図となる（図10）。着目すべきは、自家用車の図では利用目的が自動車（自家用車）の右側にあるが、カーシェアリングの場合は自動車借用の左側にあることである。

自家用車の場合と同様に、カーシェアリングに会員加入するまでの想定の利用目的と実際の利用目的が異なることはありうる。しかしながら会員加入後の利用目的は自動車借用の左側にある。自家用車利用が、自家用車の右側に利用目的があったのに対して、カーシェアリングでは利用目的が自動車（借用）の左側にあり、利用目的と自動車借用と利用とが直線的につながっている。そして、カーシェアリングは利用に応じた従量制の課金がなされるしくみであるから、利用目的に自然と焦点があたり、その都度利用の可否について他の交通手段も含めた上で「考量」される。

自家用車とカーシェアリングはこのように異なっている。この構図の差、このことが当然に利用の状況に違いを生む。自動車の存在を前提に生じてくる利用目的と、その都度「考量」を経て行われる利用目的があり、その二つは異なっている。カーシェアリングが導入された以降の社会には、自動車の利用目的と利用の関係について、よくみると本質的に異なる二種類があると考えることができる。カーシェアリングのかたちは、鉄道、バスなどを利用する場合と同じ並びかたであり、利用に際してその都度、少なくとも自家用車利用よりも深い「考量」がなされる。そのことで自家用車のような利用のサイクルを形成しにくい。自家用車の場合と大きな差異があることが確認できる。

ここまでで、自家用車とカーシェアリングとの細かい比較をしてきたが、自動車の利用と利用目的との関係については、このようにして一度ゆっくりと考え直してみることが価値のあることと思われる。交通工学の分野においては、個人の交通需要について、何らかの目的がありそれを実現するための移動を「派生的需要」と呼び、ドライブのように移動そのものが目的である「本源的需要」と区別している。これまで自動車利用については派生的需要を基本として、しっかりとした利用目的があり、免許を取得し、自動車を保有し、利用

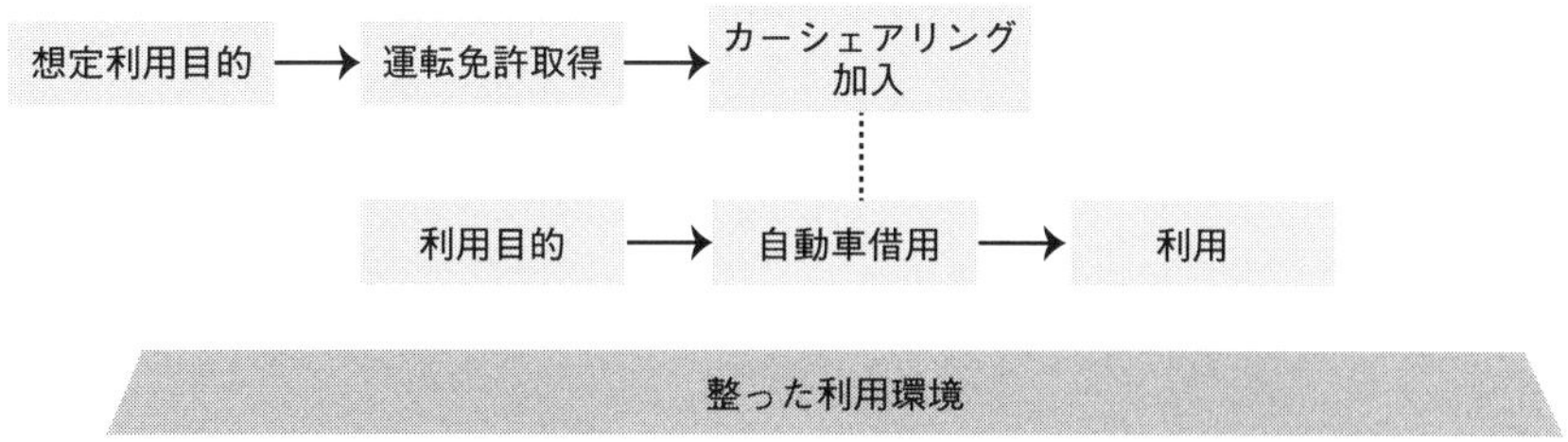

図10　カーシェアリング利用

目的に応じて自動車を利用する、と捉えられてこなかっただろうか。しかし、利用目的と利用との関係は、第2部のここまでで示したとおり、詳しくみるとそれほど単純ではない。少なくとも自家用車については、利用目的と実際の利用との接合の関係がカーシェアリングよりも緩いということは言えるであろう。前節で見た自家用車の右側にある利用目的と、カーシェアリングの自動車（借用）の左側にあるそれを等価と見てはいけないと筆者は考えている。

このことを十分に理解するために、ミミ・シェラーとアーリの辛辣な指摘に触れておきたい。

6-3 自動車が創りだした「自然」とフレキシビリティの強制

シェラーは次のように言う。

皮肉なことに、多くの反-自動車の運動家たちが守ろうとしている「自然」という観念そのものが、概して自動車移動によって構成されてきた面がある。日の光がまだらになった緑の森を滑るように抜け、巨大な砂漠や平原の限りなく遠ざかってゆく地平線に向けて疾走し、生け垣のある曲がりくねった田舎道を飛ばしてゆく、等々のかたちで、運転は長いあいだ「自然のなかに出てゆく」手段のひとつとなっていた。多くの国々において、初期の自動車利用は「日曜のドライブ」や家族連れで出かける休日――そこは都市や郊外から田園へと、あるいは国立公園のような自然保護区域へのドライブをすることが含まれる――と結びついていた。それゆえ自動車はすでにして、環境運動家たちが（たとえば新しい道路の建設を阻止することによって）保全しようとしている広大で、相対的に手つかずで、目を楽しませてくれる景色にたいする現在の好意的評価の構成にかかわり合っているのだ。（Sheller 2005=2010: 366-367）

多くの方に首肯していただけるかどうかはわからないが、自動車の利用目的と利用の関係について、深く考えさせられる指摘である。

またアーリは次のように言う。

自動車移動とはそれゆえ、人びとを高度のフレキシビリティへと強制するシステムなのだ。それは人びとに、自動車移動そのものが生み出す時間的・空間的な束縛にうまく対処するべく、断片的な時間をやり繰りすることを強いる。自動車移動は、自由とフレキシビリティの領域へと個人を拡張するフランケンシュタイン的な怪物にほかならない。（Urry 2005=2010: 45）

自動車という用具を使用する際には、移動する者の「自由とフレキシビリティ」を怪物的に大きく拡大してしまうことは、一定避けがたい傾向としてあるといえるだろう。この指摘を先に示した「自家用車の構図」の右側のサイクルがどんどんまわることと併せて考えていただくと、モータリゼーションの強力な推進力のありかたがあきらかに見えてくるように思う。door to door で、天候にかかわらず、いつでも出発できて早く行ける。このことを前提として、フレキシビリティが知らず知らずに運転者に限らず、同乗者にも強制されていくことになる。そしてそれが自動車移動のシステムであるという。

しかし、カーシェアリングの場合においては、この「自由とフレキシビリティ」の拡大を、ゼロにはできないけれど（そもそもフレキシビリティを求めて自動車を借りることが多いであろうから）、自家用車の場合よりは、一定抑制がかかり拡大の量が軽減される。

このことについては、第3部において利用目的と効用の面についての細かな検証から明らかにしたい。それが、カーシェアリングの正しい評価となる。

［注］

29 二次的に新車に替えなさいというアプローチはある。

30 例外のひとつとして、学校向けモビリティ・マネジメントなどは自動車の免許保有、自動車取得の相当前の世代に対する啓発などを行っている。

第3部　カーシェアリングがもたらしたもの

第1章

カーシェアリングの効用

――カーシェアリングがもたらしたもの

第3部においては、第1部、第2部の内容を踏まえ、現状の評価をした上で、これからを考えることとする。

既にこれまで見てきたように、自家用車を保有しなくても「自動車の利用」を可能にしたのがカーシェアリングというサービスである。今はカーシェアリングの商業化、普及により、自家用車を保有せずとも利用の時点で便利に借りることで代替することに成功した。そしてそれは、利用に関する一定のレベルを満たしていると考えられる。自家用車の保有を飛ばし、利用だけを可能とした。これが、自動車の利用の歴史上におけるカーシェアリングの最大の意味であり、そして都市交通政策から考えると大きな功績である。ここが当たり前ではあるけれど正確に押さえて、強調されるべきところである。

カーシェアリングが商業化された現在においても、乗りたいから運転免許取得が必要というところまでは同じである。しかし、自動車を（少なくとも今すぐに）買わなくても適当な料金で、自家用車と大きな遜色がなく乗る方法＝カーシェアリングがあるから、必ずしも取得、保有、つまり自動車を買うことが必須ではなくなっている。カーシェアリングというサービス、しくみは、現時点においては都市部においてのみという条件が必要であるが、これまでの前提を覆し、自動車の取得、保有と利用の分離を可能とした。そしてそのことが利用者などに対してどのような効用をもたらすのか。これが第３部の主題である。

第１部において、カーシェアリングの基本的な運用方式、利用実態を踏まえ、普及要因などについて検討した。本章ではカーシェアリングの効用、特に利用者に与える効用について詳しく検討する。カーシェアリングは利用者と地域になにをもたらすのか、もたらしつつあるのか、という問いに答えることを試みる。そして、その効用なり影響をどのように評価し政策に組み入れていくのか。都市交通政策としてカーシェアリングを評価し、今後の政策を考える上での基礎的な方向性を示したい。

１‐１ 基本的な方法

これまでの研究では、カーシェアリングは自動車からのCO_2排出量の削減に効果があるという見込みのもとで、個人や法人の利用者にとってのメリットと、地域にカーシェアリングが導入され、それを利用者が利用することにより地域社会に対して与える影響について、明確な区別をせずに検討されてきた。そのため、ここでは、この点を区別して評価することを試みる。

第１部でもみた、京都市におけるオリックスカーシェアの会員に対する過去の調査結果を再度参照しながら、個人及び法人の利用者の側にもたらされている効用と、地域社会に与える影響について正確に把握することを試みる。

調査の概要については次のとおり（以下、本書において単に「A調査」などという）。

A調査　カーシェアリング利用データの分析

・調査対象　京都市内における会員の二〇〇八年一〇月一日から翌二〇〇九年の九月三〇日までの一年間の利用データ

・会員数　二〇〇八年一〇月一日時点：約三五〇名、二〇〇九年九月三〇日時点：約七〇〇名（推計）

B調査　会員アンケート調査（その1）

・調査対象　京都市内在住のカーシェアリング会員

・実施時期　二〇〇九年二月

・調査概要　カーシェアリング加入前後の自動車走行距離など

・回収状況　一〇一部回収（配布数四〇〇部）

C調査　会員アンケート調査（その2）

・調査対象　京都市内在住のカーシェアリング会員

・実施時期　二〇一〇年二月

・調査概要　カーシェアリングの利用頻度、目的など
・回収状況　一一六部回収（配布数四〇〇部）

本書では個人及び法人のカーシェアリング利用者が、カーシェアリングを利用することによりもたらされる良きものを「効用」として定義し論じる。次に利用者がカーシェアリングを利用し、効用を享受することにより、一定のまとまった現象として地域に影響を与えることとなる。この、カーシェアリングが地域社会全体にもたらすであろうことについて「影響」と定義し、これを都市交通政策の観点から評価することとする。これまでは環境政策の観点で、利用者への効用と地域社会への影響とを区別せずに、CO2排出量などを尺度として評価されてきたので、特に利用者の効用について正確に評価できていなかった。そのため本書では、効用と影響のふたつをきちんと区別して論じることとしたい。

なお、対象として扱うカーシェアリングは、先に確認したデファクトスタンダードの運用方式のものを前提とする。

1-2　これまでの言われ方とそこに含まれる混乱

カーシェアリングが利用者にもたらすこととして、一般的に次のように言われている。

・車を保有、利用するのと比較してたいへん経済的
・車庫のスペースが不要
・車の保有、利用頻度、走行距離が少なくなる

マスコミ等において同様に言われることが多い。こうした見方は間違いとは言えないが、カーシェアリングの利用者に対する効用を正確に捉えようとする立場からは不十分な説明である。まず、こうした評価は「車の保有、利用頻度、走行距離が少なくなる」などの表現に見られるように、既に自動車を保有していて、それを手放してカーシェアリングに加入する者を漠然と想定している。それは、自動車を保有せずにカーシェアリングに加入する者が一定存在する実態に照らして正しくない。

また、仮に自動車の保有を仮想して、それとの比較によりカーシェアリングの特徴を述べているとしても、走行距離が少なくなることが利用者にとっての効用であるかのように言うことには少し問題がある。自動車に乗る者は何らかの必要性を感じて自動車走行をするので、走行距離はその感じた必要性の多寡で決まってくるものであり、走行距離の増減自体は、その者にとって良いことでも悪いことでもない。三つ目の自動車の保有や走行距離が少なくなるという言い方には、利用者の効用を評価することとは別の、自動車走行距離は縮減されるべきであるとする価値基準に基づく観点が入ってしまっているのである。

あとで利用実態から詳しく見るように、利用者にとっては、カーシェアリングの利用によって自動車走行距離が増えることが効用となる場合があると考えられる。走行距離、経費の負担、保有スペースなどの問題に対して、カーシェアリングが少なくない影響をもたらすことは事実であるが、もう少し厳密に検討

すべきである。

利用者に対する効用について、実際のカーシェアリング利用の実態を参照しながら確認していくこととする。

1-3 利用者の仮想

利用者にもたらされている効用を的確に把握するために、カーシェアリングの利用実態に基づき、当該地域におけるカーシェアリング利用者を二者仮想することとする。

京都市内における、特定の事業者のカーシェアリング利用データを一年間分析したA調査の結果から、当該地域におけるカーシェアリング利用として次のことが言えた（仲尾 2011）。

・一回あたりの利用距離は一〇～二〇km未満の利用が最も多く、三〇km未満の利用が全体の約七割を占めていた
・利用時間は三時間までの利用が六五・七％であった

B調査にもとづき、矢野晋哉らはアンケートに回答のあった一〇一名のカーシェアリングユーザを、①自家用車を手放してカーシェアリングに加入した者（二四名）、②自家用車を保有せずにカーシェアリン

グに加入した者（六九名）、③自家用車を保有したままカーシェアリングに加入した者（八名）、に分類して分析し、次のことを示した（矢野ほか 2011）。（以下、本章において、単に①の者、②の者、③の者として論じる）

・①の者は、カーシェアリング加入後における自動車走行距離が1人あたり平均六二km／月であった
・②の者と③の者は、カーシェアリングの加入後における、自動車走行距離がそれぞれ、一人あたり平均三三km／月、平均二七五km／月であった

また、C調査によれば次のとおりであった。

・利用頻度は月に一回以上二回未満とする者が最も多く三七・九％。次に月に二回以上三回未満とする者が一七・二％あり、月に四回未満の利用者が八三・六％であった

これらABCの調査は、C調査のみ実施時期がずれるものの、同一地域における同一事業者の会員に関するデータ及びアンケートである。①と②の者は、B調査によれば加入後の自動車走行距離が、それぞれ六二km／月と三三km／月とであり、A調査とC調査との整合をとり、次のとおり利用者甲及び乙を仮想する。なお、③の者については評価が複雑となるので利用者の想定を行わない。

（自動車を手放してカーシェアリングに加入した利用者甲）
・一回あたりの走行距離が三一km で、月に二回利用
（自動車を保有せずにカーシェアリングに加入した利用者乙）
・一回あたりの走行距離が三三km で、月に一回利用

以下、この仮想した利用者像などを使いながら、利用者にとっての効用を検証することとする。なお、検証にあたって次の条件を設定した。

・料金は調査当時の料金体系（個人Ｂプラン。月額基本料一〇五〇円。時間料金一五分二六〇円。距離料金一四円／km）を使う
・利用時間と距離との関係は一〇km で一時間と仮定する☆31

1－4　利用者の効用

1－4－1　経費負担

利用者にとっての効用として、最もよくあげられる経費の面について検討する。
自動車の保有とカーシェアリング利用とを比較する。

自動車を保有する場合、次の費用負担が発生する。

・自動車そのものの購入費用
・自動車諸税（自動車取得税、自動車税又は軽自動車税、自動車重量税）
・車検費用
・法定及び任意の自動車保険費用
・リサイクル料

自動車を保有すると、利用してもしなくても、こうした経費が年間数十万円程度必要となる。カーシェアリングで一般的に利用される一五〇〇ccクラスの小型車を一〇〇万円で購入し、七年間乗ると仮定すると、少なく見積もっても約二万八〇〇〇円／月程度の固定的な経費の負担が必要となる☆32。

一方カーシェアリング利用については、利用者甲は六二km利用して利用料が八、六七八円／月となる。利用者乙は五、一五二円／月である☆33。利用者甲と乙の利用状況であれば、自動車保有と比べて大幅に少ない経費の負担で済んでいることになる。利用者乙については、0から自動車に係る経費が増加するわけであるが、自動車保有を想定した場合、それより少ない負担ですんでいると考えることができる。

上記試算は利用者甲及び乙という仮想の利用者のものであり、もちろんカーシェアリング利用であっても、利用量によっては自動車保有より負担が大きくなる場合がある。よって、一定量までの利用であればカーシェアリング利用の方が経費負担が少なくなると言うべきであろう。であるから、利用者の経費面での効用については、より正確には「自動車に関する経費が利用に応じた従量制であること、そしてそのことにより、経費について利用者が調整可能となること」であると言える。

先の自動車の保有に係る経費は、近年、任意保険料などが利用量に応じた料金となっているような例外を除き、その利用の多寡にかかわらず、車両の排気量や重量などにより一定の額で課税などされる。こうした経費はカーシェアリングの車両においても同様に賦課されており、それは利用料に転嫁されるが、利用料は従量制であるため、利用者は利用量に応じて負担することとなる。つまり、「利用者は自動車の「保有」に係る固定的な経費を、自動車の「利用」に係る従量制の費用に「転換」できており、従量制であることにより、負担やその多寡について利用者がコントロールすることが可能となっている」のである。そして、「利用の量に応じた負担となることから、自動車保有よりも経費を低くすることができるし、一時的に頻繁に利用するなど、必要に応じた柔軟な自動車利用が可能となる」のである。

経費に関する効用は正確に述べるとこのようなこととなる。

なお、保管スペースの確保が不要となる。また、自家用車の場合に行われる洗車、清掃作業、修理などに係る手間ないし費用が不要となることも効用であることを補足しておく。

1-4-2 自動車の利用と保有の切り離し

利用者甲及び乙は、月に一回から二回程度で、走行距離も一回三〇km程度であるが、自動車利用が必要となる場面があり、それをカーシェアリングによる移動で対応していた。こうした月に一回から二回程度の自動車利用シーンがあるとして、こうしたシーンに対応するためには、カーシェアリングが出てくるまでは、自動車を保有するか、レンタカーを借りるしかなかった。レンタカーは、料金体系、貸出の手間、店舗数の問題などから、保有する自動車の利用と比べるとサービスの点で劣っていた。そのため、これまでは自動車を利用することは、ほぼ自動車を保有することと同義であった。甲及び乙は、もし居住する地域にカーシェアリングが導入されていなければ、自動車を保有して、先の想定では二万八〇〇〇円／月程度の負担を許容するか、保有を選択しない場合は、こうした移動そのものをあきらめるしかなかったのである。

そうした状況において、カーシェアリングは、保有以外のかたちで自動車が比較的簡単に利用できるサービスを、一定のレベルで初めて実現し、先の西川の言葉にあるとおり、自動車利用の選択肢を増やした。カーシェアリングが、サービスとしての自動車利用を提供することにより、自動車の利用と保有を別のこととして切り離したのである。この、自動車利用にあたって保有以外の選択肢を提供したこと、自動車の利用を目論む者を保有の束縛から解放したという点が、利用者にもたらされた最大の効用であると筆者は考えている。先の経費についてコントロール可能となったことの根本にも、この保有からの解放がある。この点を次節で利用目的との関係で詳しく論じる。

1-4-3 適度な自動車利用を含めたライフスタイルの実現

利用者甲及び乙は月に三〇kmから六〇km程度の移動を一回か二回程度行っている。こうした頻度が高いとは言えない自動車の利用をどのように捉えるべきであろうか。

これらの調査はいずれも、京都市におけるカーシェアリング会員を対象としたものであり、いわゆる公共交通機関が一定のサービスレベルで提供されている都市部におけるものである。カーシェアリングは首都圏、中京圏、関西圏などの都市部を中心として発達している。その主な理由として、カーシェアリング利用者は通常カーシェアリングだけでは移動の全てをまかなうことはせず、鉄道やバスなどのいわゆる公共交通機関との分担により、はじめて生活に伴う移動の全体を実現しているということがあげられるだろう。C調査では、回答者の移動を総計する中でカーシェアリングの利用が占める割合は全体の移動の四・〇％であり、他は鉄道、バス、自転車等でまかなわれていた（第1部第2章2 - 5 - 6参照）。このことは、カーシェアリングが、それ単体では生活における交通行動を成り立たせることができない、ということを示している。

しかし、逆に見れば、鉄道やバスなどが一定のサービスレベルで提供されている都市部においても、自動車による移動を0にできない、と言うこともできるのである。政令指定都市である京都市のように、「いわゆる公共交通機関が発達した、公共的な交通サービスのレベルの高い地域においても、生活を送るにあたって避けがたく自動車利用が必要となっている」ということを示している。このことは十分に考えるべきことである。

自動車社会と呼ばれる現代の社会で生活する際に、レジャーも含めて、生活を行うための施設が、その立地条件などの面において自動車利用を前提としていることが多く、避けがたい、ニーズの高い自動車利用というものが都市部においても残ってしまうのである。C調査で利用目的を尋ねたところ、多い順に「買物」「レジャー・娯楽」「通院・送迎」であった（第1部第2章2 - 5 - 5参照）。これらの利用は、新たにカーシェアリングの利用料を負担してまで行わなければならない、もしくは行うに値するものだったのである。これまでは、こうした自動車利用シーンについて、その頻度が多くなくとも、そのわずかな利用のために、好むと好まざるとに関わらず自動車を保有しなければならなかった。

カーシェアリングは、こうした地域社会が個人に要求してくるとも言える自動車利用シーンについて、保有以外のやりかた、すなわち一時的にサービスを購入することで対応する選択肢を提供した。少ない頻度で少しだけ乗りたいというニーズに柔軟に対応でき、適度な自動車利用を含めたライフスタイルが実現できることが、カーシェアリングが利用者にもたらした大きな効用である。

そして、ここで注意深く見ないといけないことは、利用者乙のように、これまで自動車の保有をしていなかった者、すなわち自動車移動をあきらめていた者に対して、こうした交通行動を可能にしたことが、カーシェアリングの「効用」と考えられることである。この場合、カーシェアリングの加入により自動車走行距離は当然に増加するので、自動車走行距離の縮減がカーシェアリングの良い点であるとする説明なり評価は、カーシェアリングの利用者に対する効用を正確に述べていないということがわかるだろう。

つまり、乙が走行距離を三三km／月増加させたこの部分は、利用者にとってのカーシェアリングの「効用」なのである。サービスを提供する側の事業者は「あまり自動車を使わない人の需要を集めて一台分に仕立て上げる」のがカーシェアリングであり、新たな需要を生み出しているという捉え方までしている（カーシェアリング・ジャパン村山貴宣社長の発言。『日刊工業新聞』2012.5.2）。このようにカーシェアリングは新たな自動車利用を創造するような面を有しており、それは利用者にとっての効用であると捉えることが利用実態からみた正確な評価である。

1-4-4　利用者にとっての自動車走行距離の増減の意味

これまでは、一般的にカーシェアリングの利用者への影響として「車の保有、利用頻度、走行距離が少なくなる」を上げており、そこに混乱があることを指摘した。ここで、カーシェアリングへの加入と自動車走行距離の増減についてみてみる。

矢野らは、B調査にもとづき、カーシェアリングの加入前後における自動車走行距離の変化について次のことを示した（矢野ほか 2011）。

・①の者は、カーシェアリング加入前後における自動車走行距離が一人あたり平均で、二六八km／月から、二〇六km／月減少して六二km／月になっていた

・②の者と③の者は、カーシェアリングの加入前後において、自動車走行距離がそれぞれ、一人あたり平均三三km／月、平均五三km／月増加した

これまでの研究でも、削減量には幅があるものの自家用車を手放した①の者については、いずれも自動車走行距離が大きく削減されており同様の傾向を示していた☆34。

一方で、②や③の者は、カーシェアリングに加入することにより自動車走行距離が増加している。しかし、前節でみたとおり、こうした利用は、自動車で移動することの必要性が高く、新たに費用を負担するに値する自動車利用であり、利用者乙については、その増加部分がカーシェアリングに加入した効用であることは既に述べた。

そして、このことは自動車を手放した①の者についても当てはまることである。①の者である利用者甲は、自動車を手放してカーシェアリングに加入した後の一月あたりの走行距離が六二kmであった。この部分については、利用者乙と同様に必要性の高い自動車移動が実現できたという効用を認めるべきである。さらに、甲については、この六二km／月の自動車移動のニーズのために自動車の保有を続けずに済んだと見ることができ、この自動車を手放すことができたということが、甲にとってのカーシェアリングの効用である。

結果として、加入前後の比較をすると自動車走行距離が二〇六km／月と大幅に縮減されているが、その点が利用者にとっての効用であるとすることは適切ではない。「利用者甲にとっては六二kmの、乙にとっては三三kmのニーズに対して、適切な費用で柔軟に対応することができたという点が、利用者にとっての本来の効用である」と見るべきである。

自動車走行距離の縮減の部分については、本来、地域社会全体への影響の観点から評価すべきものであろう。この点は後で論じる。

1-4-5　新たな交通行動の実現

A調査において、一年間の利用のうち、数％が居住地以外の他府県に設置された車両を利用したものであった。また、公益財団法人東京都道路整備保全公社の調査によれば、カーシェアリング利用者及び利用意向の保持者のうち「鉄道＋目的地周辺での利用」に対するニーズが一三％あった（東京都道路整備保全公社 2010）。

このことはカーシェアリングが単に自動車保有の代替手段としてのみ機能するのではなく、自動車利用と鉄道などが連携することにより、これまでになかった新しい交通の手法を生み出していることを示している。鉄道と自動車利用の連携といえば、従来から駅前のレンタカー利用が可能であったが、レンタカーでは手続きに最低でも数分かかるであろうし、貸出単位は半日単位が標準である。観光旅行などのまれな利用には問題がないが、日常的な移動手段としては、使い勝手に少し問題があろう。カーシェアリングについては、予約しておけばすぐに利用することが可能であるし、一枚のICカードで鉄道とカーシェアリング利用が行えるような、シームレスな接続も一部で実現されている☆35。既に法人を中心にこうした新しい交通行動が採用され始めており、今後増えていくものと予測される☆36。

カーシェアリングが新しいかたちの交通行動パターンを生み出しており、そうした移動が可能となることが利用者にとっての効用のひとつである。

1-5 地域社会への影響

1-5-1 走行距離

先行研究はカーシェアリングが地域にもたらす影響について、ほとんどの場合カーシェアリング利用者の加入前後の自動車走行距離を比較するという手法により検討していた（交通エコロジー・モビリティ財団 2006）。しかしこの見方だけでは、仮に特定の地域にカーシェアリングを導入した際に、①の者が0人で

②の者ばかりが加入したとすると、カーシェアリングの導入は地域の自動車走行距離を単純に増やしたということになる。当該地域社会におけるカーシェアリング導入の評価が、①と②の者の割合によってプラスにもマイナスにもなってしまう。

こうした混乱を回避するために、利用者の効用について加入後の利用量で評価したように、地域への影響についても加入前後の利用量の比較（走行距離の増減）ではなく、加入後の利用量（走行距離の絶対量）を評価することを試みる。

B調査によれば、アンケート回答者（①②③の者）のカーシェアリング加入後の平均利用距離は五九km／月であった（矢野ほか 2011）。このカーシェアリング加入後の走行距離と、自動車利用による走行距離との比較を試みる。

国土交通省の統計などから試算すると、近畿運輸局管内におけるガソリン及び軽油を燃料とする自家用小型自動車一台あたりの平均年間走行距離は七七六九kmであった[☆37]。月間走行量を試算すると、約六四七kmとなる。また日本自動車工業会のアンケート調査によれば、二〇一一年度の月間走行距離の平均は四一〇kmである（日本自動車工業会 2012）[☆38]。近畿圏の六四七kmでみて、B調査の回答者の平均走行距離である五九km／月は九・一%である。②の者の平均三三km／月の走行距離はその約五・一%に過ぎない。

次に、利用の頻度について地域の自動車分担率などと比較することを試みる。

二〇一〇年の第五回京阪神都市圏パーソントリップ調査によると京都市域の交通手段別の分担率は、鉄道一九・二%、バス五・九%、自動車二四・三%、二輪車二七・四%、徒歩二二・八%、その他〇・二%、不明〇・二%である（発生集中量。平日。）。C調査によれば、カーシェアリング会員は鉄道二七・一%、バス八・

○％、自動車九・四％（カーシェアリングの四・〇％、タクシー三・五％、レンタカー〇・二％、自家用車一・七％の合計）、二輪二九・七％、徒歩二五・九％である。カーシェアリング会員の方が鉄道及びバスの利用が多く、また自動車利用が少ない傾向にあることがわかる。

このようにカーシェアリング加入後の自動車走行距離なり利用頻度は、自動車保有による利用と比べると、相当に少ない傾向にあるといえる。今後免許取得当初から自動車を保有せずにカーシェアリングに加入する者が増加することが予測される中で、都市交通政策の観点で、中長期的にカーシェアリングの地域への導入効果を考える場合、加入前後の走行距離の比較よりも、加入後の利用量で評価することでより適切な判断が可能となるであろう。

自動車走行距離の絶対量の問題と関連して、カーシェアリングが自動車走行距離を抑制する機能を持つことについて述べる。

利用者が自動車保有よりもカーシェアリング利用の経費を低くするよう行動すると仮定した場合の上限の利用量を考えてみる。先に試算したとおり、自動車保有では月間二万八〇〇〇円程度の費用が必要であるので、同じ経費をカーシェアリングに投じると、約二三〇km／月までの走行が可能となる☆39。あくまで試算であるが、カーシェアリング利用者には月間に直すと二三〇kmよりも少ない走行となるよう抑制力が働くといえる。

このことは利用者の経費負担と関係の深いことであるが、これを利用者の効用と捉えることには問題があるであろう。抑制の効いた自動車利用がなされるということで、地域社会のメリットと評価すべきである。

1-5-2 自動車移動も含めたバランスのとれた交通行動が行える地域となること

前節でのパーソントリップ調査との比較により、カーシェアリングユーザの交通行動が、カーシェアリングを含めて鉄道やバス、自転車、徒歩などを組み合わせた、都市交通政策の観点からすると、自動車分担率の低いバランスの良いスタイルであることを見た。この中には鉄道などで遠隔地に赴き、その駅からカーシェアリングを利用するようなかたちも含んでいる。これまでは自動車利用といわゆる公共交通利用とでは、どちらかを選択するという、相反する対立関係であることが多かったが、カーシェアリングはそれを変え、交通システム全体の中に自動車利用を組み込み、位置づけることを可能とした。

言い換えると、バスや鉄道と同じように、利用者がアクセスする対象としての自動車利用のしくみが生み出されたわけである。こうして、地域にカーシェアリングという選択肢が追加されることにより、その地域での交通行動のバリエーションが増え、交通政策の可能性が広がる。このことはもっと強調されて良い。今さらに、これまでにない全く新しい都市部における移動の選択肢として、ワンウェイ型のカーシェアリングが試行されている。

これまでの、交通需要管理政策や、鉄道やバスの利用促進政策は、自動車保有を前提に、時々は電車やバスも利用してもらうことにより、自動車利用を減らそうというかたちであった。しかしながらいわゆる公共交通機関利用への誘導や、自動車移動の抑制は、自動車の保有を維持したままでは困難であり、はかばかしい成果を上げてこられなかった。また自動車の保有をやめさせることは、1-4-3で述べた避けがたい自動車利用の存在についても考慮すると、大きな我慢を強いることになり現実的に効果をあげる政策になりにくかった。

こうしたところへカーシェアリングを導入することにより、その地域がバランスのとれた交通行動への無理のない、安定した誘導が行える地域となるのである。この点がカーシェアリングが導入される地域社会に与える大きな影響であり、それを政策の観点で評価すべきである。

1-5-3　地域の交通基盤としてのカーシェアリング

カーシェアリングが導入されることにより、その地域が鉄道やバスを中心としながら、自動車利用も含めたバランスのとれたライフスタイルを送ることのできる地域となることを述べた。カーシェアリングは、鉄道、バス等と連携することにより、当該地域の交通サービスの利便性を一層高めることとなる。このようにして、地域の交通基盤が厚みを増し、そのサービスレベルの全体を上げることが、カーシェアリングが地域に導入されることによりもたらされる大きな影響である。つまり、カーシェアリングは当該地域の交通基盤のひとつとして積極的に位置づけることが適当なのである。

また、カーシェアリングの導入は、導入された地域への居住のインセンティブを強めることとなるであろう。コンパクトシティへと都市政策を進めるにあたって、カーシェアリングの普及と定着は少なくない影響をもつと思われる。一般に考えられている以上にカーシェアリングの都市交通政策からみた公共性は高いものと言える。

1-6 カーシェアリングの効用と影響のまとめ

カーシェアリングの利用者にとっての効用として次を確認した。

ア 自動車に係る経費を利用量によりコントロールできること
イ 自動車の保有をせずに自動車利用が可能となること
ウ 少ない頻度で少しだけ乗りたいというニーズに柔軟に対応でき、適度な自動車利用を含めたライフスタイルが実現できること
エ 鉄道などと組み合わせることにより、これまでできなかった交通行動が可能となること

補足として、自動車走行距離の縮減が利用者の効用であるとすることには疑義があることについて述べた。

地域にもたらされる影響としては次を確認した。

オ カーシェアリング利用は一般的な自動車利用より絶対量において少なくなる傾向にあり抑制機能が働くこと

カ　地域の交通基盤が拡充され、バランスのとれた交通システムが実現できる、もしくは実現しやすい地域となること

以上が、京都市における過去の調査及びアンケート結果を分析、検討するという方法で、利用者にもたらされる効用と地域社会に与える影響とに分けて行ったカーシェアリングの評価である。

［注］

31　A調査のデータで平均をとると、一時間あたり九・八km走行していたため、およそ一時間で一〇kmと想定した。

32　一五〇〇ccの車両を一〇〇万円で購入し七年間乗るとの仮定で試算すると、概算で約三四万円／年程度となる（自動車税三万四五〇〇円、重量税一万五〇〇〇円、自賠責保険＋任意保険で約一〇万円。車検費用約五万円。自動車取得税、駐車場代、ガソリン代などは含んでいない）。

33　利用者甲は三一kmを三時間一五分利用が二回。｛（二六〇円／一五分×一三）＋（一四×三一）｝×二＋一〇五〇＝八六七八円。利用者乙は三三kmを三時間三〇分利用が一回。｛（二六〇円／一五分×一四）＋（一四×三三）｝＋一〇五〇＝五一五二円。

34　交通エコロジー・モビリティ財団の東京都及び神奈川県におけるアンケート調査では、カーシェアリング加入前後で走行距離が九三六五km／年から、七三六二km／年（月六一三・五km）減少し、二〇〇四km／年であった（交通エコロジー・モビリティ財団 2006）。

35　例えば阪急電鉄とオリックスカーシェアにおいて、一枚のＩＣカードでの乗り継ぎと、乗り継ぎ利用へのポイント付与が実施されている。

36　法人の社員が鉄道で出張し、駅周辺からカーシェアリングを利用するような事例が紹介されている（『日経新聞』

2012.3.20 朝刊）。

37 近畿運輸局管内の二〇一〇年度の総走行距離を保有台数で除したもの（国土交通省 2010）。

38 一般世帯への訪問調査。車種は普通車、軽自動車等を含む。国土交通省統計からの数値との差は、国土交通省統計が事業用の自家用車（白ナンバー）を含むものであるのに対し、自動車工業会調査が一般世帯に限定されたものであるからと推測される。少し粗い対比となっているが、大きな傾向は確認できると考える。

39 ｛（二六〇円／一五分×九二）＋（一四×二三〇）｝＋一〇五〇＝二万八一九〇円。

第2章　自動車の機能と効用とカーシェアリング利用

1-4-3において次の趣旨のことを十分に考えるべきこととして指摘した。

・カーシェアリングユーザの移動を総計する中でカーシェアリングの利用が占める分担の割合は全体の移動の四・〇%であり、他は鉄道、バス、自転車等でまかなわれていた
・カーシェアリングは、それ単体では生活における交通行動を成り立たせることができない
・鉄道やバスなどのいわゆる公共交通のサービスのレベルが高い地域においても、自動車による移動を0にできない、もしくはしにくいという現状がある

都市部におけるカーシェアリングといわゆる公共交通の分担については、詳しくみるとこのような様相、関係にある。

本章では、特に自動車の利用が都市部においても0にできない、もしくはしにくいということについて、利用目的や、利用することにより得られる効用に焦点を当てて考えてみることとする。これまでカーシェアリングによって自動車走行距離が縮減されることは多く検討されてきたが、縮減の結果として「残されたもの」について、その内容などが詳しく検討されることはなかった。

都市部においても、なぜ自動車利用は少ない量であるが残るのか。それはどのように残っているのか。また、それが残ることを都市交通政策の立場でどのように捉えるべきなのか、という問題について考えてみたい。

2-1 利用目的への着目——どのように少ない量の自動車利用が残っているのか

第1部の第2章での利用目的に関する結果を確認する。京都市域におけるカーシェアリングの利用目的をアンケートした結果は次のとおりであった。平日と休日の区別はしていない（独自調査C）。「買物」と回答した者が三〇・一％（四七名）、「レジャー・娯楽」が二六・九％（四二名）、「通院・送迎」が一六・〇％（二五名）、「荷物等運搬」が一二・二％（一九名）、「業務・商業」が八・三％（一三名）、「その他」が五・八％（九名）、「通勤・通学」が〇・六％（一名）である（回答者一一六名は全て個人契約会員。複数回答可）。

また、先にみた交通エコロジー・モビリティ財団の調査では次のとおりであった。平日、休日の区別はない（交通エコロジー・モビリティ財団 2013）。

多い順で「買物」が三四・三％（一五五）、「片道二〇kmを超える場所へのレジャー」が二八・三％（一二八）、「片道二〇km未満のレジャー」一四・二％（六四）、「送迎」一三・五％（六一）、「業務」四・二％（一九）、「通勤・通学」一・五％（七）、「通院」一・五％（七）、「無回答」一・五％（七）、「試乗」〇・九％（四）であった（括弧内は世帯数）。距離に着目せずレジャーを合わせると四二・五％となる。

どちらの調査結果もレジャーと買物が上位にある。カーシェアリングの利用目的の主要な部分は「レジャー」と「買物」なのである。

次に自家用車利用との比較を試みる。

自動車一般の利用目的の割合を検討する。

これまで、自動車に限らず利用目的を含めた個人の交通行動に対する代表的な調査としてはパーソントリップ調査があった。都市交通政策においては、交通行動における自動車の利用割合、「自動車分担率」の多寡が問題とされ、その割合を低減させることが施策の目標となってきた☆40。また、同調査においては、自動車移動の利用目的も調査されている。

最新の調査である第五回京阪神都市圏パーソントリップ調査の結果から、京都市内における自動車（乗用車及び軽乗用車）を代表交通手段としたトリップ（発生量）の状況をみる。

平日の京都市におけるトリップ数（発生量）は次のとおりである。

「出勤」九万二五八九、「登校」五一三八、「買物」五万七六四七、「食事・社交・娯楽・レクリエーション」四万七二四〇、「その他の私用（送迎、通院、習い事等）」六万九三〇七、「自由目的（詳細不明）」

一万六五〇五、「販売・配達・仕入れ・購入」二万九八六、「打合せ・会議・集金・往診」二万九九八一、「作業・修理」一万三六三四、「農林漁業作業」一三四五、「その他の業務」一万六三九六、「帰社・帰校」二万二九〇六、「業務（詳細不明）」七五六七、「帰宅」二三万五〇九八。

休日は次のとおりである。

「出勤」二万四九六一、「登校」一七〇八、「買物」一七万九五〇二、「食事・社交・娯楽・レクリエーション」一五万八六七三、「その他の私用（送迎、通院、習い事等）」七万一三一九、「自由目的（詳細不明）」三万九二八四、「販売・配達・仕入れ・購入」四二二五、「打合せ・会議・集金・往診」四九八九、「作業・修理」三八七一、「農林漁業作業」二五四九、「その他の業務」五七二五、「帰社・帰校」三七七五、「業務（詳細不明）」三九四七、「帰宅」三二万七二四三。

一日あたりのトリップの量では休日が二倍近くとなる。

カーシェアリングの利用目的とパーソントリップ調査による一般的な自動車の利用目的とを比較したいが、選択項目がそれぞれの調査ごとに異なるので、少し単純化して比較を行うこととする。まず、パーソントリップ調査においては、「帰宅」「帰社」などの復路についても一トリップとするが、カーシェアリングにおける利用目的の比較対象とはなり得ないので除く。一部の項目を統合し、「通勤」「買物」「レジャー」「送迎、通院」「業務」「その他」とする☆41。

また、カーシェアリングの調査データについては平日、休日の区別がないので、パーソントリップ調査の平日、休日、一週間（（平日×五日）＋（休日×二日））のそれぞれと比較することとする。調査の母数が大きく異なるので全体に占める割合で見て比較すると次のとおりとなる（図11）。

カーシェアリングが「買物」「レジャー」が主要な目的となっていることは、既に確認したが、その様子はパーソントリップ調査の休日の割合と近似していることが見て取れる。パーソントリップ調査の平日と比較すると、カーシェアリングは「通勤」と「業務」が少ない割合となっている。「通院・送迎」は、どの調査も同程度の割合となっている[☆42]。

調査時期、対象地域、サンプル数など大きく異なる調査間でのややおおまかな比較だが、カーシェアリングと自家用車利用とでは、単に走行距離が少なくなっているだけではなく、その中身、利用目的の割合が大きく変わっていることが確認できる[☆43]。

一見すると、カーシェアリングは自家用車の休日利用の代替として機能しているように見える。実際、交通エコロジー・モビリティ財団の調査によると、カーシェアリングの利用は「土日休日中心」五九・二％、「平日と土日休日が混在」二四・七％、「平日中心」一五・六％となっており、休日の利用が

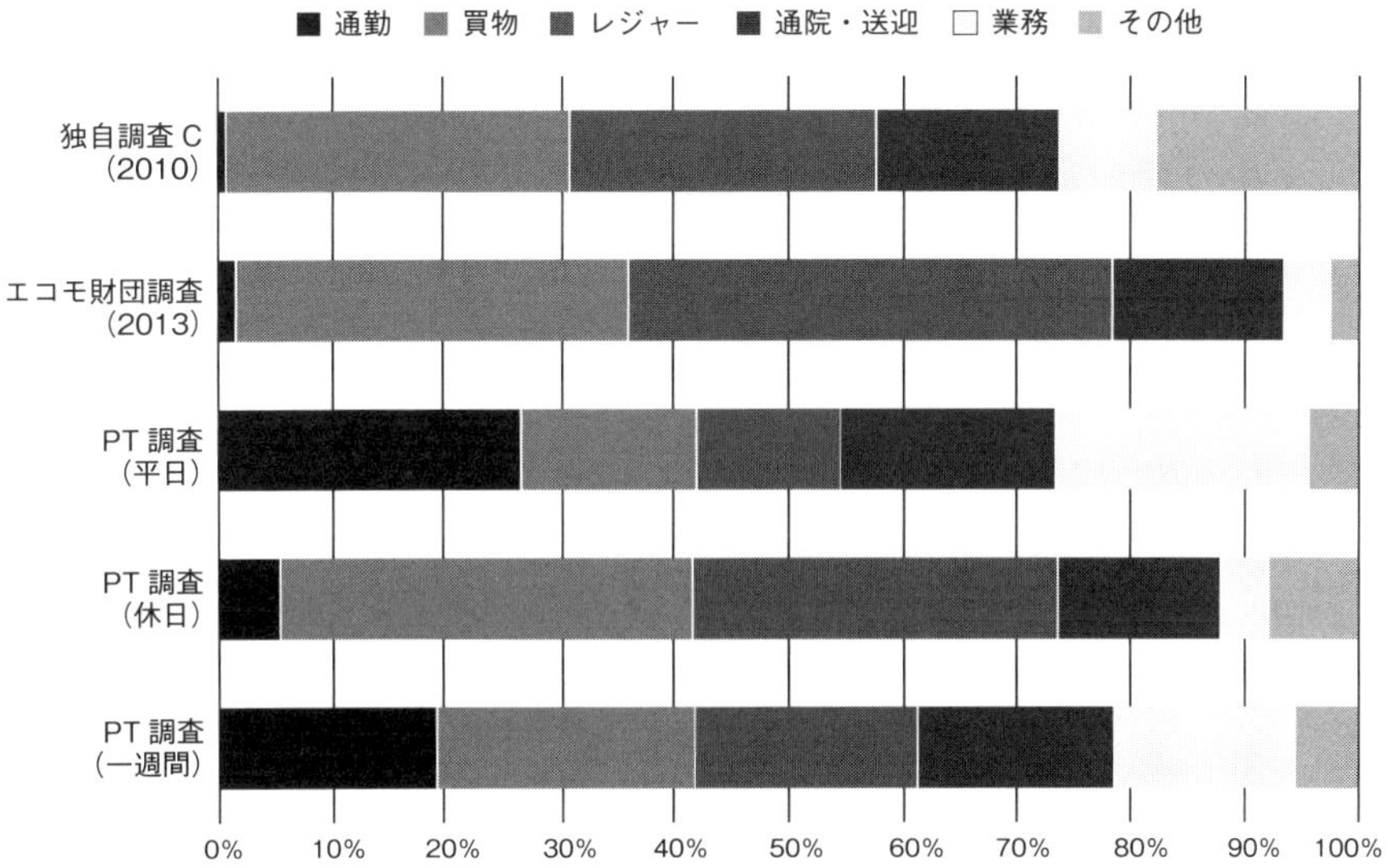

図 11　利用目的の割合の比較

多い傾向にあることはまちがいがない（交通エコロジー・モビリティ財団 2013)。しかし、平日の利用も一定割合認められるところであり、単に休日の自動車利用にカーシェアリングが充てられていると理解するのではなく、いま少し利用目的の傾向について考えてみたい。

2-2 カーシェアリングの最大の利用「レジャー」

先に確認したパーソントリップ調査とカーシェアリングの利用目的の割合の違い、傾向について、少し考察を加える。

カーシェアリング利用の特徴を再度確認すると、カーシェアリング利用は自家用車利用と比べて、「レジャー」と「買物」が大きな比重を占めていた。

まず「レジャー」利用について検討する。

第1章で次の趣旨のことを述べた。

・鉄道やバスなどが一定のサービスレベルで提供されている都市部においても、自動車による移動を0にできない。生活を送るにあたって避けがたく自動車利用が必要となっている

・現在の自動車社会で生活する際に、レジャーも含めて、施設が自動車利用を前提としていることが多く、避けがたい自動車利用というものが都市部においても残ってしまう（第1章1-4-3）

都市交通政策の分野においては、自動車の「レジャー」利用は趣味的な嗜好に拠るところが大きく、するもしないも自由であると、漠然と考えられてこなかっただろうか。少なくとも積極的に政策の支援対象とはして来なかったし、避けがたいものであるという見方は、これまであまりされてこなかったように思う。しかし、意外なことに「レジャー」がカーシェアリング利用の目的の最も大きなものとなっている。これも先に述べたが、これらの利用は、新たにカーシェアリングの利用料を負担してまで行わなければならない、もしくは行うに値するものなのである。避けがたいという表現に疑義があるかもしれないので、ニーズが高いと述べておいてもよい。少なくともカーシェアリングが利用者のレジャーの実施、実現について効果的に機能している、と言うことは可能だろう。

また、交通エコロジー・モビリティ財団の調査では利用目的の最大のものが、「片道二〇㎞を超える場所へのレジャー」である。一般に自動車の走行距離を縮減し、CO2排出量削減効果が期待されているカーシェアリングの利用目的の最大のものが、直近の調査によれば、やや走行距離が長めの「レジャー」であるということは興味深いことである。また、同財団によれば、過去の調査との比較において「片道二〇㎞を超える場所へのレジャー」利用の割合が増えている☆44（交通エコロジー・モビリティ財団 2013）。事業者やそれを支援する行政関係者などは、カーシェアリングは短い距離を中心に利用される、もしくは利用されるべきであるという思いこみがあったし、今でもあるように感じる。そうでなければ、走行距離の短い電気自動車によるカーシェアリングの社会実験などは行われないであろう。

カーシェアリングは、おそらく社会実験段階などで想定されていた、短距離の利用が中心であろうとの予測とは少しずれるかたちで、実態としてこのように利用されているのである。

2-3　プライベート空間としての自動車利用

利用者の効用という観点から「レジャー」利用について少し広げて検討してみる。

先にカーシェアリング利用者が、カーシェアリングを利用することによりもたらされる良きものを「効用」として定義した。そしてカーシェアリングの効用として次を示した。

ア　自動車に係る経費を利用量によりコントロールできること

イ　自動車の保有をせずに自動車利用が可能となること

ウ　少ない頻度で少しだけ乗りたいというニーズに柔軟に対応でき、適度な自動車利用を含めたライフスタイルが実現できること

エ　鉄道などと組み合わせることにより、これまでできなかった交通行動が可能となること

これらは、カーシェアリングを正確に把握するために、これまでになかった新しいサービスとして、「自家用車利用との比較において」評価した場合に、利用者にもたらされる良きもの、効用を「限定的」に示したものである。であるから、カーシェアリングを利用した場合、上記以外にも自動車を利用することにより得られる良きものも当然ある。自動車利用により得られる効用である。ここ以降、そうしたもの

にまで少し広げて考える。

星野芳郎は自家用車の魅力を「乗用車の技術的な本質」として次のようにいう。

> 乗用車の魅力とは、いったいなんであろうか。クルマをつかっている者であれば、だれもが、おそらくは第一に、それは〝気がるだから〟〝自由だから〟と言うにちがいない。乗用車の技術的な本質を一言で言うなら、それは〝動く部屋〟なのである。つまり、プライベート（私的）な部屋が、いつ、どこへでも、自由に移動するというところに、乗用車の特性があり、これが、クルマをつかう人間にとっては、えも言われない魅力なのである。同じ乗り物でも、電車や汽車やバスは、すべて公共の場所である。そこで、むしゃむしゃと食事をするのは、いささか気がひける。乗用車は、まさに、せまいながらも楽しいわが家で、ここでは、そういう気がねはいらない。私なども、食事の暇なくかけまわっているときは、しばしば乗用車のなかで食事をする。ほかの自動車がひっきりなしに通るかたわらで、サンドイッチのたぐいを、カン入りジュースなどとともに、カー・ラジオにききいりつつ食べるのは、おつなものである。（星野 1961: 9）

星野が一九六〇年頃に認識していたこと、プライベートな空間「動く部屋」としての機能は、過去から変わらない自動車の大きな効用であり、おそらく現代においても重要なものである。こうしたプライベートな空間を創出しながらの移動については、星野も指摘しているとおり、いわゆる公共交通では代替できないか、しにくい。またレジャーの目的地は、山間部や海岸など、いわゆる公共交通の路線がない場所であることも多いだろう。そして、この効用は、カーシェアリング利用においても当然に享受されるし、自動車という道具自体が提供する効用であるため、自家用車利用との間に、その部分の効用において大きな差異はないであろう。

このように考えて来ると、カーシェアリングの利用目的の大きなものが「レジャー」であることは、納得できる理由によるものであることがわかる。「現在においても移動するプライベート空間としての自動車の利用は、相当にニーズが高い」と思われるのである。よって、都市部における避けがたい自動車利用として、カーシェアリングの最大の目的として「レジャー」がある。カーシェアリングの「レジャー」利用が多いことは、こうした「自動車が本来的にもつ効用」との関係において捉えることができると思われる。

2-4 「買物」利用について——荷物運搬装置としての自動車

カーシェアリングの利用目的として「買物」が多いことについては、多くの説明は不要かもしれない。これまでからモータリゼーションの進展の結果として、郊外型の大規模商業施設やロードサイドショップの隆盛と、それにともなう地域に固有の商店街の衰退などとして、自動車と買物との関係は盛んに論じられてきた（正司 2001 など）。それは必ずしも非都市部に限った問題ではないため、自動車を利用した買物ができないことは、生活を維持するためにかなり不自由なこととなる。

しかし注意が必要なことは、広大な駐車場を有する郊外型の大規模商業施設や、ロードサイドショップが、必ずしも自動車でないと行けない立地であるとは限らないということである。多くの場合バス路線があり、鉄道駅の近隣であることもある。鉄道駅などからの送迎バスが運行されている施設もある。

そうした条件にも関わらず、自動車が「買物」に利用される大きな理由の一つとして、荷物の運搬が生じるということがあるだろう。特に現在の就労の形態などから、週末にまとめて食材、日用品を購入する形では、相当量の荷物が発生することとなり、それをバスなどで運ぶことには少なくない労苦がある。また、いわゆるホームセンターと呼ばれるようなところで、少し大きな商品、重量のある商品などを購入するような場合は、自動車利用なしには考えにくい。

すなわち、カーシェアリングの利用目的において「買物」が多いことについても、「レジャー」の場合と同様に「荷物の運搬が便利」という自動車本来の長所、効用に沿った、いわば自然な結果であるといえるのではないだろうか。

このようにカーシェアリングの利用目的の「レジャー」「買物」は自動車本来の効用に素直に沿ったものであり、カーシェアリングの利用目的の分布のありようには、利用者の効用との関係で妥当な理由があると思われるのである。都市部において利用料金を負担して使われる自動車移動の利用目的の大きな部分を「レジャー」と並んで「買物」が占めていることは、このように理解することが妥当であると考えている。

2-5　カーシェアリングのしくみと利用目的の割合

自動車の効用として、車室のあり方と運搬の機能の高さから、複数の者を容易に運搬できるということがある。鉄道やバスとの比較においてもそうであるが、自動二輪車との比較においても顕著である。特に同乗する者が高齢者や乳幼児を含めた者である場合、極めて高い効用が享受される。そのため、自動車の効用から見た場合、「通院・送迎」については、カーシェアリングにおいても確実に利用される傾向であり、実際に各調査において一定の割合を占めている。しかし「レジャー」「買物」よりも少ない。

また、「通勤」は、自家用車利用に比してカーシェアリング利用が大幅に少ない。こうした違いについて、どのように見ることができるだろうか。

次の尺度をあてて考えてみる。

① 定期性
② 定時性
③ 頻度
④ 目的地の固定性

①定期性は利用のタイミングが一定のサイクルで行われる傾向が強いか、弱いかという観点である。②定時性は、その利用が一日のうち一定の時刻に行われる傾向にあるか、そうでないかである。③頻度は一定の期間内に利用する回数の多寡である。④目的地の固定性は、自動車利用の目的地が固定的であるか不定であるかという尺度である。

「送迎、通院」は、例えば通院を考えると、①と③は個々の事情によるので想定しにくいが、おそらく必要に応じたものであり調整しにくいということは言えるだろう。②と④は、病院での受診を想定した場合、一定高いであろう。

「買物」は①は一定高く②は一定低く、③は自動車でのまとめ買いを想定すると一定低い。④は一定低い。

「レジャー」は①②③④が他との比較においてはともに低い。言い換えると調整が可能な面が強い。

「業務」は①は一定高く、②は一定高く、③は高く、④は一定低い。

「通勤」は①②③④ともに高い。

あくまでも「レジャー」「買物」「送迎、通院」「業務」「通勤」の主要な項目の中での相対的な比較であるが、こうした傾向を見ることはできるだろう。

そして、カーシェアリングは複数の者が台数の限定された車両を共同で利用するしくみであるから、①の定期性や②の定時性は当然のことながら確保しにくい。さらに経費的には利用回数が増えると利用料が増えるので、③の頻度が高い場合についても、カーシェアリングは対応が不得手である。

このようにカーシェアリングは、①から④があまり高くない「買物」「レジャー」には対応しやすいが、それらと比べると相対的に「送迎、通院」には対応しにくいことになる。そういうしくみであることは確かなことであり、おそらく利用目的の割合はそのことを証している。カーシェアリングの利用目的において、「レジャー」「買物」と比べて、「送迎、通院」が少ない割合となっていることの理由は、このように分析することが可能であると思われる☆45。

同じように「通勤」については、通常①②③④がともに高いので、「通院・送迎」よりも一層カーシェアリングが対応しにくい性格の利用目的であることは明白であろう。「通勤」が大幅に少ないことについて、このように説明することが可能である☆46。

ここまでの整理として、カーシェアリングの利用目的について次の傾向が確認できるだろう。

・いわゆる公共交通との比較において、自動車に優位性のある効用が享受されやすい目的に利用される傾向にあること

・利用のシーンにおいて時間、サイクル、目的地などの面で調整のききやすい目的に利用される傾向にあること

このようにして、カーシェアリングの利用目的の割合と自家用車のそれとの違いを分析した。特に後者の傾向に着目すると、一見、カーシェアリングは自家用車との比較において、そのしくみに起因する宿命的な使いにくさがあり、その利用目的が限られてしまっている、ということができるように思われる。すなわちこのことがカーシェアリングの弱点であるという認識である。それは一定事実であろう。しかし、そこに留まらずに今少し考えてみたい。

2-6 カーシェアリングの利用のされ方――効用と考量

先にカーシェアリングの大きな部分を占める「レジャー」「買物」利用が、自動車という交通手段の本質的な長所、利用者に与える効用に合致したものであることを見た。この効用の点について重要なこととして二点確認する。

・「レジャー」と「買物」で確認される自動車本来の効用が、鉄道やバスなどとの比較において、それらが担えない、担いにくい部分について、自動車に優位性のある効用であること
・この効用はカーシェアリングにのみ認められる効用ではなく、自動車一般の効用であること

まず、一点目について今少し詳しく、自動車以外の交通手段も含めて効用と考量という観点から考えてみたい。

カーシェアリング利用者は、通常は週に一回から月に一回程度カーシェアリングを利用していた。当たり前のこととして、自動車に限らずそれぞれの交通手段には長所、短所、特徴があるため、個々の交通行動において、目的、利便性、経済性、身体的な楽さなどに照らして、最適なものが想定できるはずである。よって利用目的が生じた時に、その目的が有する種々の条件に照らして、最適な交通手段を選択するとい

うこと、考量がなされるはずである。カーシェアリング会員がカーシェアリングを利用する場合の手順について第2部の最後に図示したが、その考量の過程を利用者の効用に注意を払いながらさらに詳しく考える。

利用目的「買物」が浮上する。

判断1：対象施設は徒歩、自転車では無理な距離

判断2：鉄道なし

判断3：バス路線あり可能

判断4：荷物あり

判定：カーシェアリング利用

例えばこのようになるだろうか。

その際、もたらされる効用とカーシェアリング利用料金などが総合的に考量され、効用がプラスとなると利用される。上記以外にも、天候が雨であるとか、気候が寒冷であるとかの条件も判定に関与するかもしれない。「レジャー」の場合は、鉄道、バス路線がなく、荷物があり、さらには、移動中のプライベートな会話の空間の確保も重要なことかもしれない。この場合にも、もたらされる効用がプラスとなるとカーシェアリング利用がなされる。いずれの場合においても、判定の途中でバスや自転車や鉄道などの他の交通手段が並列で選択肢に上がってきており、それらも含めて考量がなされているということが重要である。

また、カーシェアリング利用と判定されても、空き車両がない場合、目的となる対象施設そのものを変

更するか、日程、時間帯をずらすか、目的自体をあきらめるなどの「対応」が行われる。これもカーシェアリングの特徴である。こうした考量は、時に鉄道やバスの利用を判定、指示するであろうから、カーシェアリング利用者の移動に係る交通手段の分担率をバランスのとれたものに導く。

このようにして、カーシェアリングは、鉄道やバス、徒歩、自転車などとの比較において、自動車に優位性のある目的、シーンを中心として利用されていくこととなる。自動車の効用にフォーカスされると言ってもよい。「自家用車を手放し、自動車と一定の距離をとり離れることによって、かえって自動車本来の効用に焦点があたっている」ということが興味深い。

2-7 自家用車利用の場合──カーシェアリングとの比較

次に、享受される効用がカーシェアリングにのみ認められる効用ではなく、自動車一般のものであることについて考える。なぜ、「レジャー」「買物」についての効用は、自動車一般のものであるにもかかわらず、カーシェアリングの利用の状況と自家用車の利用状況は違うのか。なぜ、カーシェアリングでは効用に自家用車よりも強く焦点があたるのか。自家用車の場合には、カーシェアリングと異なり先の考量が出てきにくいことを確認する。

自分専用に使える自動車、すなわち自家用車のフレキシビリティは、他のどのような交通用具、機関と比べてもより高いため、何処に向けて、どのような目的で、いつ出発しようとも、先の判定においては、高い確率で自動車利用が「適」もしくは「可」と判定されてしまうのである。反対する要素はガソリン消費と、先方での駐車の問題と、飲酒の可能性であろうか。経費的には自家用車はガソリンを消費するのであるが、運賃との比較の中で、相殺されるか、移動が複数の者で行われる場合などは自動車利用を指示してしまう。そのため、他の交通機関が、その機能として得意な分野であっても自動車が選択されてしまう可能性が高まる。

「通勤」についていえば、先の尺度の①②③④がともに高かった。自動車を保有し占有する、自家用車という形態は、①②③④のどのようなニーズに対しても、簡単に柔軟に対応してしまう。自家用車利用における「通勤」の割合は少なくなかった。しかし、本来、①②③④が高い利用については、いわゆる公共交通が最も得意な分野である。「通勤」では、目的地の不確定性などがない、か少ない。①定期制と②定時性、③の頻度もともに高い。通学を含めた「通勤」は、路線とダイヤというものがあるいわゆる公共交通が最も得意とし、また顧客として頼りにしているものである。自動車の効用という面においても、通常大きな荷物、重たい荷物は持たないし、自動車通勤時の乗車人数は概ね一人か二人程度であり、四人から五人乗れる車室の空間は必要ない。

いわゆる公共交通の得意な分野において、自動車が他の交通機関との比較において相対的に優位性のある効用を享受するわけでもなく自動車を利用するのは、そうでない場合との比較においては、贅沢な選択であるということが可能であろう。「自動車通勤は「レジャー」や「買物」利用よりも贅沢な自動車利用」と言うこともできるのである。

利用者個人の効用だけに着目すると、自家用車は、どの利用に対しても効用が高い。自動車通勤についても、交通渋滞のことはあるものの、混雑した鉄道車両やバスに立った状態で乗車することと比較すると、利用者は快適な車内に座りながら移動することができ、少なくない効用を得る。しかし、自動車が個人に与える効用が大きくなると、それと比例して社会に与える費用が大きくなることはモータリゼーションの歴史が示すとおりである。この個人の効用が増すと社会の費用が増えるという点については、カーシェアリング利用についても同様である。しかし、カーシェアリングはその効用を控えめに、必要性の高いものを中心に受け取る。

このように、自家用車利用とカーシェアリング利用とでは、利用を企図した際の考量のしかたが異なるため、たとえ同じ利用目的、目的地であったとしても、自動車を利用するかどうかの選択の結果に違いが生じる構造であることがわかる。このことは、第2部の第6章の6‐1と6‐2で比較した、自家用車利用とカーシェアリング利用との構図の違いが大きく関係している。

このように見てくると、これからは同じ自動車を利用した移動であるが、「自家用車利用」と「カーシェアリング利用」を、明確に異なるものとして区別して考えることが必要であり、また都市交通政策を検討するにあたって有効であると思われる。

次章以降において、こうした知見を踏まえ、今後の都市交通政策の方向について検討する。

［注］

40　例えば、京都市が二〇一〇年に策定した『「歩くまち・京都」総合交通戦略』では、第四回京阪神都市圏パーソントリップ調査（二〇〇〇年実施）における京都市の自動車分担率約二八％を二〇％以下に低減することを目標として設定している。

41 独自調査の項目を基本とする。「通勤」には通学を含める。「その他」を設ける。

42 第五回のＰＴ調査では、タクシー利用の選択項目はあるものの、カーシェアリング利用の選択肢がないため、その数値には自家用車だけでなくカーシェアリングが含まれている可能性がある。しかし、その割合は小さなものであり、ここでの比較に大きな影響を与えるものではないと考える。

43 こうしたことを正確に述べるには十分な比較検討とは言いにくいが、全体的な統計の傾向から推測可能な範囲で論じる。

44 このことを、調査主体の交通エコロジー・モビリティ財団は「カーシェアリング事業者により6時間パック料金、12時間パック料金などの定額料金制または類似した料金制が導入されている影響もうかがえる。」としているが、これは少し事実と異なる認識であろう。京都市における調査結果においては、一〇〇㎞を超える利用が八・八％あった。こうした利用については、おそらく電気自動車を中心としたカーシェアリングの社会実験の実施主体や事業者は想定していなかっただろう。しかし、ユーザの利用実績などから長距離利用のニーズが一定あることを識り、それを踏まえパック料金制を導入した。そしてパック料金の導入により、長距離利用が一層増加したと捉えるのが正確であると思われる。ユーザの利用が事業者や行政の思惑とは、少しずれたところで進んでいるのであろう。カーシェアリングの核心を正確に理解することはなかなかに簡単ではない。

45 この点については、カーシェアリングがさらに普及する段階で、十分な密度、台数の配備、頻繁な利用者、ヘビーユーザに対する割引などというかたちで、解消される可能性がある。

46 通勤については、この点ともうひとつ、往路と復路との間に通常であれば八時間以上の間があくことも、カーシェアリングの利用が少ないことの大きな理由であろう。

第3章

カーシェアリングの評価を踏まえた今後の都市交通政策のビジョン——適度な自動車利用との共存

3-1 抑制の効いた自動車利用というありかた

3-1-1 自家用車利用とカーシェアリング利用は大きく性格を異にするものであること

第2部の第6章の6-1と6-2で自家用車とカーシェアリング利用とでは「利用目的」と「利用」の関係が異なることを確認した。

また、本部の第2章の2-6と2-7で、具体的な利用目的を取り上げながら、その違いがどのように利用の実態やその量にあらわれてくるかということについて検討した。そして、カーシェアリング利用に際しては利用の前に考量の過程があり、その途中でバスや自転車や鉄道などの他の交通手段が並列で選択肢に上がってきており、それら他の交通手段なども含めて考量がなされているということを確認した。また、自家用車の場合は同様の考量がなされにくいことを確認した。

これらのことから考えてくると、都市交通政策の中で自動車による移動を検討する際には、自家用車利用とカーシェアリング利用とは、同じ自動車を利用する移動でありながら、かなり性格の異なるものとして捉えることが妥当であるとの認識に至る。「タクシー利用」と同様に、「カーシェアリング利用」についても、自動車という交通用具を利用しているが、「自家用車利用」とは別なものとして扱うのが適当なのである。

3-1-2　カーシェアリングは利用量に抑制がきくこと

第1章の1-5-1において、カーシェアリングの利用実態として、自家用車利用よりもその絶対量において走行距離が少ない傾向にあることを示した。また、カーシェアリングが、利用に応じて従量制の課金がなされるというしくみであることから、利用者の自動車走行距離を抑制する機能を持つことを示した。それらを踏まえ、1-6でカーシェアリングの地域にもたらされる影響として次を確認した。

オ　カーシェアリング利用は一般的な自動車利用より絶対量において少なくなる傾向にあり抑制機能が働くこと

この点について前章の2-7で自家用車の場合を検討し、自家用車利用ではカーシェアリング利用との比較において、抑制がききにくいことを確認した。

都市交通政策においては、自動車走行距離の縮減が大きな課題となっている。走行距離に抑制が働きにくい自家用車利用と比べて、走行距離が絶対量において少ない傾向にあり、抑制機能が働くカーシェアリングは、そのしくみに対して高い評価が与えられるべきである。自家用車利用は、その利用、走行距離に抑制機能がはたらかないため、過度な利用を招き多大な外部不経済をもたらしてきた。そして、これまでは自動車利用といえば自家用車利用しか選択肢がなかった。そのため、自動車という交通用具を利用した移動の全てがそのように外部に大きな負荷をかけるものであるかのように捉えられてきた。

しかし、カーシェアリングは抑制機能がはたらき過度な利用とならないしくみであり、外部に与える不経済は0とはいえないまでも、少なくとも自家用車利用よりは格段に少ない。自動車の利用が外部不経済が深刻になるまでに増大したのは、「自動車という道具の性質」のみに起因するのではなく、「自家用車というしくみ」にも大きな要因があり、自家用車というかたちでしか自動車の利用ができなかったということが与えてきた影響について十分に認識すべきである。

今後はカーシェアリングが導入された地域においては、抑制の効かない自家用車利用とは別に、これまでに想定できなかった「抑制のきいた自動車利用」というありかたを交通行動のかたちのひとつとして位置づけることが可能となったのである。

3-1-3　自動車利用はなくせない若しくは0にしなくてよいことの確認

第1章で次の趣旨のことを述べた。

・鉄道やバスなどが一定のサービスレベルで提供されている都市部においても、自動車による移動を0にできない。生活を送るにあたって避けがたく自動車利用が必要となっている

・現在の自動車社会で生活する際に、レジャーも含めて、施設が自動車利用を前提としていることが多く、避けがたい自動車利用というものが都市部においても残ってしまう（第1章1‐4‐3）

モータリゼーションの時代を経て成立している現代の日本の社会においては、上記のように都市部においても、自動車利用を0にしにくい環境において生活を送らざるをえない状況にある。

また、第2章の2‐5でカーシェアリングの利用について次のとおり述べた。

・いわゆる公共交通との比較において、自動車に優位性のある効用が享受されやすい目的に利用される傾向にあること

これらに、前節での利用量に抑制がきくことを考え合わせて提示できることは次のことである。

・モータリゼーションからこれまでの時代において、どれだけ自動車利用が外部に不経済をもたらしてきたとしても、現代の自動車利用を前提として確立された社会において、いわゆる公共交通では担いにくい目的、分野を中心に、控えめになされる自動車利用については、明確に「適当」として認めるべきではないか

このような考え方を否定し、あくまでも自動車利用による移動を0に近づけることを目指す立場はありうるだろう。しかしながら、都市交通政策を担う者がその立場をとる場合には、レジャーや買物も含めて、自動車利用をせずとも便利に快適に生活が行えるように、鉄道やバスなどのいわゆる公共交通のサービスレベルを、現状よりも格段に向上させることや、都市構造そのものの改変が求められるだろう。言うまでもなく、そのための政策コストは多大なものとなるはずである。

カーシェアリングが導入された以後の都市交通政策は、自動車の利用を0にすることを目指す必要はなく、自動車の効用に則して控えめになされる自動車利用、すなわち「抑制の効いた自動車利用」は積極的に認めてもよいのではないだろうか。少なくとも多くの都市において当面の都市交通政策の効果的かつ効率的な推進のためには、妥当な選択となるであろうと筆者は考えている。

既にこれまでから、この姿勢において進められてきた政策として各地において行われている交通需要管理施策としてのモビリティ・マネジメントがある。これらの施策では「かしこいクルマの使い方」を標語とし、自動車利用自体をやめるのではなく、あくまでも過度な自動車利用を避けることを自動車の利用者にはたらきかけてきた（藤井 2008a など）。そして、この姿勢で考えるとき、カーシェアリングは適度な自動車利用を自然に実現するものとして、極めて有効なしくみとして認識されるはずである。

3-1-4　自家用車保有の漫然とした継続の回避

これまで、自動車の保有に関して、するかしないかの二者択一で検討せざるを得なかった。しかし、カーシェアリングを前提にすると、もう少し柔軟に対応ができるようになる。例えば、ライフサイクルの中で子育ての時期や、高齢者の介護、頻繁な通院などが必要な時期などは自家用車を保有し、それ以外の期間はカーシェアリングで賄うというように、自家用車保有の時期を中断したり、再開したり、柔軟に対応することが可能となる。先に見た、カーシェアリングユーザのカーシェアリング利用の分担率は四％であった。この分担率を必ずしも人生の長い期間中維持する必要はないのである。自動車は高齢者や乳幼児を移動させることについて、高い機能を持つ。だから、必要な時期には自家用車を保有し自動車の効用を最大限に享受する。しかし、それ以外の時期はできるだけ控える、というようなバランスのとり方が可能であると思うのである。

カーシェアリングは、そもそも自家用車の保有を全く否定しているしくみではない。保有の前段、中継ぎなどとしての利用が可能である。実際、事業者の調査によれば、カーシェアリング会員をやめた理由の一定数が自動車の保有となっている。また、保有に向けた車両の試乗的な機能も担っている☆47。個人においてもまずカーシェアリングから入れば、次に保有に移行するとしても、自分のライフスタイルにあった適度な自動車利用の経験を経ることとの意味はある。

そして、重要なことは、ここにも2 - 6でみた自動車の効用に照らした考量があるということである。とにかく深い考量なしに漫然と長期間自家用車の保有を継続する、ということを回避することが可能となる。このように考えることにより、カーシェアリングによる控えめな自動車利用をまじえながら、各交通機関を適度にまんべんなく利用するライフスタイルの、長いスパンの中での無理のない維持を実現していくことが可能となるであろう。

さらに言えば、身体障害者などで移動に困難を持つ者については、自身で運転するにしても、家族等に運転してもらうにしても、そのライフサイクルの大部分において、通常より高い自動車利用率を維持することも認めるべきであるという考えに至る。

これまでの都市交通政策は、こうした長いスパンでの行動に着目することが少なく、個々の走行をとらえて、それに対するアプローチを中心としてきた。たとえばエコドライブの考え方がその代表例である。今後は少し長い期間、サイクルでみる視点が重要であると筆者は考えている。

3-1-5 カーシェアリングの適切な評価の困難さ

都市交通政策として目指すべきは、過度な自動車利用が抑制され、鉄道、バスなども利用される、バランスのとれた交通システムが基盤となった地域の確立であるとして概ね間違いはないだろうか。カーシェアリングが、そうした地域を実現するためにどのように機能することができるのか、ということを、これまでにその利用実態やアンケート結果、自家用車との比較など様々な面から明らかにしてきた。

しかし、現状として都市交通政策の分野において、カーシェアリングの適切な評価がなされているとは言いにくい。

その理由のひとつとして、社会的に公共的な移動手段であると評価される鉄道やバスなどのいわゆる公共交通と、あまりにも個人的な自動車利用としての自家用車とに、長らく二分化して捉えられてきたということがあると思われる。そのため、その中間に位置する抑制の効いた自動車利用、すなわちカーシェアリングがあることが一般に理解されにくいようだ。

カーシェアリングはいわゆる公共交通利用と私的な自家用車利用の中間に位置しており、これまでに確認してきたとおり、自家用車利用にはない様々な性格を有している。そのことをまず正確に捉えなければならない。日本へのカーシェアリング導入に初期段階から関わってきた元オリックス自動車の高山は、カーシェアリングを「鉄道、バス、タクシーに次ぐ、第四の公共交通」と呼んでいた（高山 2009）。岡並木は「公共レンタカー」と呼んでその普及に期待した（岡 1997）。こうした言葉の狙いとするところが現時点では広く十分に理解されているとは言い難い。

さらに話を複雑にすることとして、カーシェアリングは自家用車利用を単純に代替するわけではないということがある。カーシェアリングを導入しただけでは地域のバランスのとれた交通行動を実現できるわけではない。例えば自動車分担率が六〇％を超えるような地域があり、そこにカーシェアリングだけをいくら導入しても、自動車分担率を都市部のように低減することは不可能であろう。なぜならば、カーシェアリングは地域の鉄道やバスなど、他の公共的な交通機関や、徒歩や自転車などの個人的な交通手段と一緒に使うことによって、初めて適度な自動車利用を含めたバランスのとれた交通行動のライフスタイルが実現できるしくみだからである。カーシェアリングといわゆる公共交通とは「相互に補完的な関係」にあり、カーシェアリングは単独で自立的に大きな効用が与えられるサービスではないのである。

この点が理解されなければ、交通政策におけるカーシェアリングの適切な把握、評価はできない。ライフスタイルの中で、その交通行動の全体の中での機能を把握し、量って取り出し、総合的に評価することしかできないのがカーシェアリングのむつかしさなのである。しかし、意外な程にこのことが理解されていないと筆者は認識している。

3-2　自動車の効用を踏まえた今後の都市交通政策のビジョン
――適度な自動車利用との共存

3-2-1　カーシェアリングによるいわゆる公共交通と適度な自動車利用との共存

あらためて、第1部においてみたカーシェアリングユーザの交通手段の分担率について確認したい。京都市におけるカーシェアリング利用者の交通手段の分担率と、同地域の一般的な分担率との比較を行い、カーシェアリング利用者は自動車分担率が少なく、鉄道やバスなどを含めてバランスのよい交通手段の分担となっていることを確認した。交通行動全体における分担率四%のカーシェアリング利用が、全体のバランスのとれたライフスタイルを実現、維持するために効果的に機能している☆48。

パーソントリップ調査による京都市の自動車分担率は二〇〇〇年調査においては二八・三%。二〇一〇年調査においては二四・三%である。これは平日の数字であるので、休日の自動車分担率は一層高い。また、全国的にみると京都市の自動車分担率はかなり低いレベルであり、平日においても六〇%を超える分担率である地方都市が多数存在する。

重要なことは、カーシェアリングユーザは週に一回から月に一回程度のレジャー利用や買物利用以外の移動に対しては、自動車利用をしないで鉄道やバス、自転車、徒歩などで移動して過ごしているということである。第1部第2章の2-5-6で確認したアンケート調査ではバス八・〇%、鉄道二七・一%、自転車二三・八%、徒歩二五・九%である。調査時点の近い京都市の二〇一〇年のパーソントリップ調査結果では、バス五・九％、鉄道一九・二％、自転車二一・四％、徒歩二二・八％である。

バスと鉄道を合わせた数字でみるとカーシェアリングユーザは三五・一％で、二〇一〇年のパーソントリップ調査では二五・一％である。カーシェアリングユーザの方がバス・鉄道の利用率が一〇％高い。

徒歩と自転車を合わせた数字でみると、カーシェアリングユーザは四九・七％で、二〇一〇年のパーソントリップ調査では四四・二％である。カーシェアリングユーザの方が五・五％高いが、その差はバスと鉄道を合わせたものとの差よりも小さい。

パーソントリップ調査の自動車分担率二四・三％とカーシェアリング利用の分担率は四％と、二〇％以上の差があるが、移動する回数を同じと仮定した場合、カーシェアリングユーザはこの差を何らかの他の交通手段で代替していることとなる。自転車、徒歩、バス、鉄道の利用がその差を賄っている。

そして、もしこの四％が利用できない、つまりカーシェアリング利用ができなくなった場合、自動車による移動を０にしにくいことを前提にすると、この者の少なくとも一部は自家用車を保有し、二四・三％の自動車利用を行う者に転換することがみこまれるのである。自家用車利用は抑制が効きにくいため、カーシェアリング利用ができることにより維持されているバスと鉄道の三〇％を超える高い利用機会の相当な部分が、自家用車利用に取って代わられることとなるであろう。バスや鉄道の高い分担率を含む交通行動のバランスが、カーシェアリングがないことによりくずれることが予測されるのである。

このようにカーシェアリングは頻度、量としては少ない部分でありながら、交通行動全体のバランスをとるために適切に機能しているのである。

さらに自動車分担率二四・三％の数字は、高齢者や若年層を含めたものである。であるから自動車分担率が0に近い者も含めたものである。自動車運転免許保有者に限った分担率は二四・三%より高いこととなる。一方でカーシェアリング利用者は免許保有者に限って四%なのである。つまり、自動車の運転免許の保有者が自動車利用も行い、その効用を享受しつつ生活している結果としての四%である。鉄道バスなどのいわゆる公共交通と適度な自動車利用との共存が安定したかたちで実現されており、そのことにカーシェアリングが有効に機能しているといえるだろう。

3-2-2　少量の自動車利用をバランスの軸としたライフスタイル

京都市におけるカーシェアリング利用者の交通手段の分担率と、一般的な分担率の比較を行い、カーシェアリング利用者は自動車分担率が少なく、鉄道やバスなどを含めてバランスのよいライフスタイルとなっていることを確認した。そしてカーシェアリングが利用できなくなるとそのバランスが崩れるおそれがあることを述べた。

筆者はこのように、カーシェアリングが頻度、量としては少ない部分でありながら、交通行動全体のバランスをとるために適切に機能していることを、ちょうど独楽の軸や、やじろべえの支点の機能と似たものとして捉えている（図12）。

個人の生活の移動においては、鉄道やバス、自転車、徒歩などの交通手段をそれぞれの特徴に合わせて利用することができる。もし全ての移動が自動車以外の鉄道やバス、自転車、徒歩で賄われるのであれば、それは理想的であろう。しかし、都市部においても自動車利用を0にすることが困難であることは既に述べた。そして自動車を利用するために自家用車の保有を選択すると、自家用車は利用量に抑制が効きにくいことから自動車利用が増えてしまうことは、第2章の2-7で明らかにしたとおりであり、モータリゼーションの歴史において経験済みである。

そこに少量の自動車利用としてカーシェアリングの果たす役割がある。カーシェアリングは、少量の必要な自動車移動のニーズに対して必要な量だけ提供することができる。利用量に抑制が効き少量となることが自家用車との比較において重要である。少量であるから、鉄道やバスなど他の交通手段の機会を奪うことが少ない。移動手段の全体のバランスをとることに対して、少量の自動車利用としてカーシェアリングが有効に機能するのである。

今後の都市交通政策を検討するにあたって、適度な自動車利用を含めた安定したライフスタイルを実現させるために、少量の自動車利用としてのカーシェアリングをバランスの軸として重要視し積極的に位置づけることが有効であると思われる。

3-2-3　バランスのとれたライフスタイルを目指す姿勢

次に、カーシェアリング利用者の基本的な姿勢というものに

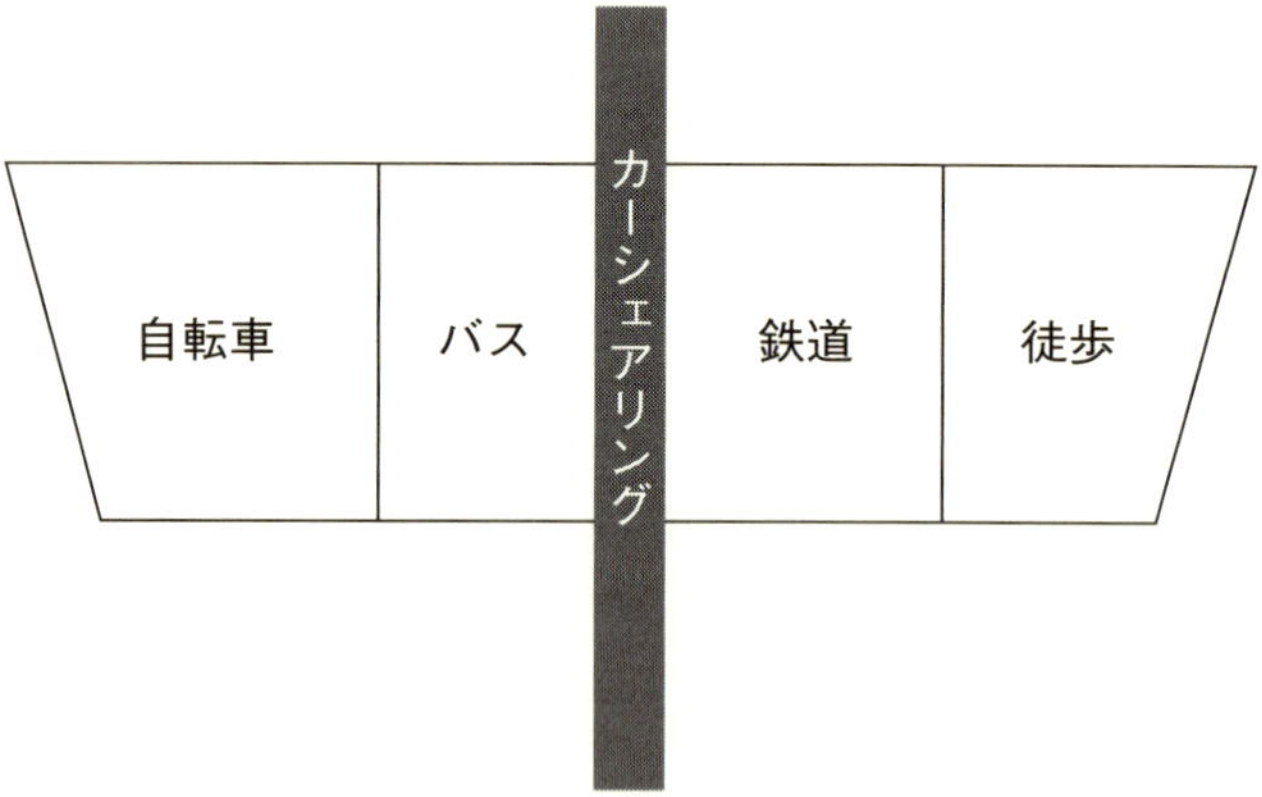

図12

着目しておきたい。

カーシェアリング利用者は自動車をあまり利用しない生活を漫然とおくっているのではない。そうした生活をおくりたいという意思のもと、カーシェアリングという選択がなされている。第2章でみたとおり、カーシェアリング利用時においてその都度なされる考量は確かに適切な交通手段の選択を促すのであるが、それよりもっと前の時点で、利用者はバランスのとれた交通行動により生活することを主体的に選んでいる。カーシェアリング利用者は、自身が鉄道やバスなども含めて移動することを前提に、その中で通常は週に一回から月に一回程度の、限定された量の自動車利用を組み入れたライフスタイルを思い描いて生活しているのである。たとえ、自動車に係る経費を節減したいという、ある種消極的な理由であったとしても、そうした生活を主体的に選んでいることはまちがいがない。

カーシェアリング利用者は、自動車での移動を全体の数パーセントとする生活か、二〇％以上の割合とするか、そのどちらを選択するかを、大きな視野の中で考量し選択している。

このことに関連して興味深い調査結果がある。

二〇一四年にパーク24株式会社が「タイムズクラブ会員」に対して行ったアンケート調査において、自家用車の保有者と非保有者の交通手段に関する回答を比較している。「タイムズプラス会員」はタイムズの駐車場やカーシェアリングを利用した際にポイントがたまる制度であるので、回答者のうちの自家用車の非保有者は、概ねカーシェアリング会員であると考えてよいと思われる。

「便利な交通手段は何ですか？（複数回答可）」という質問に対して、自家用車の非保有者の回答は多い順に、「電車」七五％、「カーシェアリング」四九％、「自家用車」四五％、「自転車」三九％、「タクシー」

三七％、「レンタカー」三六％、「バス」二七％、「バイク」二〇％である。自家用車保有者の回答は、「自家用車」八〇％、「電車」六四％、「自転車」三〇％、「タクシー」二八％、「バス」二〇％、「バイク」一六％、「レンタカー」一五％、「カーシェアリング」七％である[☆49]。

おそらくカーシェアリング会員であると思われる自家用車の非保有者は、最も便利な交通手段として「電車」をえらび、次いで「カーシェアリング」、「自家用車」を選んでいる。興味深く、かつ重要なのは、自転車以上に自家用車を便利と認識している者が多いということであり、「決して自家用車の便利さを低く評価していない」という点である。自分専用の自動車としての自家用車の効用を十分に認識しながら、なおかつ鉄道が最も便利な交通手段と回答している。鉄道などいわゆる公共交通機関や自転車なども視野におき、自家用車の効用も十分に認識した状態で、自家用車の非保有というライフスタイルを選択しているといえる。

それに対し、自家用車保有者は圧倒的に自家用車が便利と感じている。また、カーシェアリングに対する評価は低い。自家用車の保有者とカーシェアリング利用者の視点、姿勢のちがいには大きな隔たりがある[☆50]。

この隔たりには回答者の居住地域の交通のサービスレベルが大きく影響しているはずである。しかし、さらに大きくみれば居住地の選定も含めて選択されているとみることも可能なのである。可能であるがそのことを根拠をもって指摘することは困難である[☆51]。

この状況を踏まえて都市交通政策がとりうる可能な一つの方向は、こうした大きな視野での選択において、いわゆる公共交通も含めたバランス型の方に、今よりも多くの者が主体的に動くように誘導することであろう。カーシェアリングをつぶさに検討してきた結果は、こうした大きな視野での考量を、すなわち利用者の大きな選択、姿勢をきちんと意識し、その部分にアプローチする政策が必要であることを示していると思われる。

3-2-4　民間企業運営であるところのカーシェアリングの公共性

カーシェアリングは地域全体の自動車分担率の低減の実現のために有効に機能するが、その際に、これまでに確認してきたように、利用者の効用を前提にしており無理がないという点に着目するべきである。この点について考える。

これまでの自動車利用の抑制を目的とした交通需要管理施策は、基本的に自動車利用の弊害をＰＲし、使いすぎを戒めるような、いわゆるネガティブキャンペーン的な性格であることが多かった。都市交通政策の分野においては、大きな外部不経済をもたらした過度な自動車利用を低減させるために、一つの方策として抑制を呼びかけることをしてきた。

一方カーシェアリングは自動車利用サービスを提供し、適度な自動車利用により利用者に効用を与えながら、地域の交通バランスを適正な方向にシフトさせる今までにないしくみ（アーキテクチャ）なのである。カーシェアリングはしくみとして抑制が働くため、「自動車利用を減らしましょう」というような呼びかけ、推奨が不要なのである。

自動車利用を否定しない自動車の適正利用のためのしくみであると言える。利用者の効用と地域のメリットが同じ方向を向いている。そうであるからこそ利用者の効用を正確に押さえることが重要なのである。

カーシェアリングは、有料サービスとして提供されながら、個人の自動車依存を低め、地域の自動車利用を低減させるのである。そして、いわゆる公共交通としての鉄道やバスの利用も安定的に行われる。こうしたことをカーシェアリングはそのしくみで実現しており、そのしくみが持つ公共性を評価すべきである。このことは、バスや鉄道がマストランジットというしくみであるがゆえに、環境に優しく、民間企業が運営しても公共性が高いと評価されていることと同様である。

そして、そうであるが故に、マストランジットとして公共性が高いとされるバスに対して、民間の運営に任せきらず、必要な地域、条件において、行政が法律に基づき、あるいは独自に補助金などで支援することがあるように、都市交通政策を担う行政は、政策的に必要、有効と判断される地域、場面においては、カーシェアリング事業者を何らかのかたちで支援することは妥当なことである。筆者はこのように考えている。

さらに言うならば、カーシェアリングが都市部を中心に事業展開されていることは、政策側の問題でもあるということを理解する必要がある。カーシェアリング企業が事業を展開しない地域があるならば、それは、いわゆる公共交通のサービスレベルが低い地域であるということであり、それは、すなわちいわゆる公共交通の整備に一定の責任を負う行政の側も含めた問題なのである。

採算の合う地域のみにカーシェアリングを導入し、自動車の利用を提供し利益を上げているという点をもって、民間企業としてのカーシェアリング事業者を非難するのであれば、それはあたらない。カーシェアリングが導入されないような地域は、それだけ、いわゆる公共交通のサービスレベルが低く、都市部ではいわゆる公共交通が担っている部分まで、個人の自動車移動に頼ってしまっているのであるが、それはその地域の財政を含めた行政・政策全体の問題のはずである。交通政策、行政を担う者はまずそのことを認識すべきであろう。

カーシェアリングは、バスと鉄道がマストランジットというしくみであるが故に公共性が高いと評価されているように、そのしくみが地域の自動車利用を低減させるという点において公共性が高いのである。カーシェアリングの公共性ということを、十分に考え、評価するべきである。

［注］

47 『日経エレクトロニクス』の記事「カーシェアリング・サービス「タイムズカープラス」の開発（最終回）」による。『日経エレクトロニクス（1121）』87-90, 2013.11.11, 日経ＢＰ社。

48 どのような状態をもってバランスが良いライフスタイルとするのか、という問題がある。この問いの解をみつけることはむつかしい。しかし、第1部2章２-７において確かめられたこととして、京都市におけるカーシェアリングユーザは、同市における一般的な者よりも自動車の分担率が相当程度低いということと、同時に鉄道、バスの分担率が高いということがある。そして、その差が生まれていることについて、カーシェアリングがなにがしかの機能を果たしていることは、本書のここまでで一定証明できたと考えている。何が目指すべきバランスかという検討は本書ではできないが、既に十分に批判されてきたようにこれまでの自動車利用には過度なものがあった。このことも、確かなことといえるだろう。また、現在都市部においても補助金を投入しなければ維持できないバス路線が存在する。こうしたことをもって、第1部2章２-７の図7の下のグラフよりも上のグラフが相対的に都市交通政策として良いバランスであるとし、ここ以降の議論を行う。

49 パーク24株式会社の二〇一五年一月九日付け広報資料による。タイムズクラブ会員に対する調査。有効回答者数

六二〇〇名。調査期間二〇一四年七月九日~七月一三日。

50 当該調査は地域を限定しないインターネットによる調査であるため、その比較には留意が必要である。自家用車を最も便利と評価する者が、カーシェアリングの導入されていない、いわゆる公共交通のサービスレベルの低い地域の回答者であることも想定される。タイムズ24株式会社は二〇一四年一〇月二四日に福井県内ではじめてタイムズ駐車場をオープンし四七全都道府県での事業展開を果たした（タイムズ24株式会社の二〇一四年一〇月二三日付け広報資料による）。そのため、調査対象者は例えば自動車分担率が二四・三％である京都市（二〇一〇時点）と七四・九％である福井市（二〇〇五年時点）が同列に含まれている（第五回京阪神都市圏パーソントリップ調査及び第三回福井都市圏パーソントリップ調査の結果による）。

51 このように、交通を考えると頻繁に卵が先か鶏が先かという議論に行き当たる。第2部における、利用目的と利用の関係なども同様の議論の構造になりやすい。例えば長距離自動車通勤を行う者は、居住地の選択、勤め先の選択、自動車通勤という手段の選択などが、どのような順番で行われたのか明確に捉え指摘することは極めて困難である。個々の交通行動を明確に捉えて検証し、根拠を持って批判することが難しく、例えばロードプライシングなどの直接的に規制を加える政策の適用を鈍らせる原因となっている。こうした構造であることを踏まえた上で、有効な政策を模索しなければならない。

第4章

都市交通の新たな手段

——いろいろな運用方式のカーシェアリングと可能性

次章においてカーシェアリングの検討を踏まえた上で、具体的な政策の提案を行う前に、これまでのものとは別の新しいカーシェアリングに触れておくことが適当であると思われる。

これまで検討してきた、事業者によるラウンドトリップ型のカーシェアリング以外に、現在概ね次の三つの種類のカーシェアリングがある。

・ワンウェイ型のカーシェアリング
・個人所有の自動車を事業者が運営する方式のカーシェアリング
・個人間でのカーシェアリング

それぞれのカーシェアリングについて確認する。

4-1　ワンウェイ型――もう一つの選択肢の追加

まず、いわゆるワンウェイ型のカーシェアリングである。

本書でこれまで検討してきたカーシェアリングのかたちは次のとおりであった。

A　予約はICTを活用しインターネット若しくは携帯電話で二四時間可能
B　車両の解錠はICカード若しくは携帯電話で無人で行い、キーは車内に保管
C　車両は二四時間利用可能
D　一五分単位での利用が可能でそれに合わせた料金体系を採用
E　自動車保険等固定費用は事業者が負担
F　車両は貸し出された場所と同じところに返却する必要があり、利用時間は予約の時点で決定する必要がある

このうち、Fの前段の「車両は貸し出された場所と同じところに返却する必要」の部分について、貸し出された場所と違うところでの返却を認めるのが、いわゆるワンウェイ型のカーシェアリングである。ワンウェイ型は、理論的にはカーシェアリングが社会実験として行われていた時期から検討されていた（山

本俊行ら 2005)。また、カーシェアリング関係のアンケート調査においても、カーシェアリングへの改善希望点として「乗捨て方式の導入（片道利用制度）」が回答の三二・四％で第一位となっているなど、ユーザ側の潜在的なニーズも確認されていた（交通エコロジー・モビリティ財団 2013)。さらに、周知のとおり一般のレンタカーでは、貸出の営業所と異なる地点の営業所で返却することは既に行われていた。

しかし、既に見たとおり、いわゆるラウンドトリップ型のカーシェアリングは、レンタカーの枠組の中で、特区と車庫法の運用の中で実現されたものであり、その中でワンウェイ型は認められていなかった。欧州においてはワンウェイ型カーシェアリングが既に大規模に展開されており、自転車の分野においては、国内でもワンウェイ型の事業が運用されている。そうした中で、国土交通省が二〇一四年三月二七日付け通達で、ワンウェイ型のカーシェアリングを認め、制度化した。

4-1-1　ワンウェイ型の国内先行事例（smaco）

二〇一四年九月一日から横浜において、先の国土交通省の規制緩和を受けるかたちで、ワンウェイ型のカーシェアリングの運用が開始された。日本メルセデスベンツ社とオリックス自動車と駐車場事業者のアマノグループによる共同事業で、車両はベンツのスマートのＥＶ車両、カーシェアリングのしくみはオリックス自動車、カーポートがアマノというしくみである。smaco は二〇一五年の三月三一日までの期間限定の運用であるが、二人乗りではあっても、小型自動車による運用であることと、オリックス自動車のカーシェアリング会員であれば誰でも利用が可能で、課金もその枠組でなされ、概ね事業ベースのワンウェイ型として国内で最も先進的な取組となっていた。

使い方は予約時に利用車両と返却スペースを指定するかたちで、車両二〇台に対して三二台分のスペースを確保している。この数字が適切なものかどうかは運用の結果を待つ必要があるが、カーシェアリングには総じて案ずるより産むが易し的な面があり、また、事業者が予想もしなかった利用の仕方で、ユーザが制度を引っ張るような面がある。smacoもしくみにあった楽しい利用がユーザ主導で生み出されていく可能性があると考えている。

smacoは欧州等でのダイムラーの取組car2goが下敷きになっているので、smacoのコンセプトを理解するためにはcar2goの概要について触れる必要がある。

4-1-2 欧州の事例（car2go）

car2goはダイムラーが、ドイツなど欧州において運用しているワンウェイ型のカーシェアリングである。内田晃の調査によれば、二〇一四年一月時点で、ベルリンなど七都市において約三六〇〇台の車両により運営されている（内田 2014）。

注目すべきはその運用方式である。まず、保管場所であるカーステーションの特定がない。そして、利用の終了時刻について利用開始時点で決める必要がなく、利用時間が縛られない。また、事前の予約は可能であるが必須ではなく、空いている車両を見つければその場で借りることができる。車両があいていたらその場で借りて利用して、いつまで利用しても、どこへ返却することも可能である。ドイツなどの一部の地域では路上に駐車をすることが禁止されていないために可能となる方式であるが、日本で普及しているラウンドトリップ型のカーシェアリングに慣れていると、驚くべき自由さに感じる。

ただし、利用のエリアが限定されているという制限がある。ワンウェイ型のカーシェアリングの場合、利用の結果、車両が偏ることへの対策が必要となるが、car2goはこのエリアを制限し、自然な分散に任せることにより車両の偏りを回避するしくみをとっている。こうした方式は一般にフリーフロート型と呼ばれている。気体の分子行動、密度がバランスをとることに例えており、全く新しいコンセプトといえる。これは、自家用車の共同利用を前提としたようなカーシェアリングの概念とは本質的に異なるものと理解することが適当であろう。路上駐車が厳しく規制されている国内においてこの種類のカーシェアリングが普及するかどうかは全くの未知数であるが、コンセプトには強力な新しさを感じる。

利用の目的、シーンも自宅近辺にカーカーステーションがあることを前提としたラウンドトリップ型のカーシェアリングとは、いろんな面で性格を異にするものであり、その評価もそれぞれ別に正確に行うべきであると思われる。例えばドイツのカーシェアリング連盟はcar2goがラウンドトリップ型のカーシェアリングほどには環境に与える好影響が認められないことから、連盟への加入を拒んでいるとのことである（今泉 2014）。なぜ自転車によるワンウェイ型が環境にやさしく、自動車で同じことを行うと良くないのかは筆者には理解できないが、ラウンドトリップ型とワンウェイ型とを別に区別して評価している点においては、正確な姿勢であると言えるだろう。

smacoはワンウェイ型のカーシェアリングととらえるが、car2goは、予約不要であること、利用終了時間の制限がないこと、返却場所が自由であること、利用エリアが限定されていることなどから、本書で扱っているカーシェアリングとは異なるものとして認識することが適当であろう。

4-1-3 超小型車両による社会実験（チョイモビ ヨコハマ）

横浜市と日産自動車の共同で、二人乗りの超小型モビリティと呼ばれている車両によるワンウェイ型カーシェアリングの社会実験が行われていた。

概要は次のとおり。

チョイモビ ヨコハマの概要

（1）実施主体：日産自動車株式会社、横浜市
（2）目的：観光・業務・生活等における低炭素な移動手段としての有用性やビジネスモデルの検討
（3）期間：平成二五年一〇月一一日〜平成二六年九月三〇日（第一期）
（4）実施区域：横浜都心エリア（横浜駅〜みなとみらい21〜山手・元町を含むエリア）
（5）規模：車両台数七〇台、ステーション六〇箇所（一一五台分）
（6）運営方法：貸渡返却手続はスマートフォン等／ＩＣカードを活用
（7）利用料金：二〇円／分（登録料、会費無料）

超小型モビリティの概要

・リチウムイオン電池を搭載した電動車両。最高速度 時速八〇㎞。
・長さ二三四㎝、幅一二三㎝、高さ一四五㎝、車両重量五〇〇㎏、定員二名。（横浜市 2014）

利用に際して登録と事前に講習を受けることが必要である。登録者数は一万人を超え、好評であるため、第二期として二〇一四年一〇月一日から~二〇一五年九月三〇日まで実証実験の期間が延長された。

横浜市の資料によれば、利用の状況などは次のとおり。

(主な利用目的)
・観光・レジャーのため
・日常の買物、用足し
・超小型モビリティの試乗

(一回あたりの利用状況)
・利用時間約一六分
・移動距離約三km

(利用者からの声)
・生活が飛躍的に楽しく便利になった。
・小型で乗りやすい。手軽に利用できる。
・形が可愛らしく、横浜の町並みに良く溶け込んでいる。(横浜市 2014)

小型の窓の閉まらない車両による運用であり、これまでの自動車とは少し異なる利用の形態が社会実験として進められている。今後は、自動車の車両の大きさということも一つの要因として、これまでとは違う交通手段、利用方法としてあらわれてくると思われる。

4-1-4 ワンウェイ型の評価

ワンウェイ型のカーシェアリングの事例を確認した。ここで、ラウンドトリップ型との違いを確認しておくと、ラウンドトリップ型のカーシェアリングが、基本的に自家用車の代替として位置づけられるのに対して、ワンウェイ型はそうではないと言える。

自家用車は通常自宅の敷地内か近隣に保管場所があるので、その利用については、家を起点にする場合が通常であると考えられる。そして、出かけると普通はその日のうちに帰ってくるので、家が起点で家が終点であるのが、自家用車利用による基本的な移動のかたちであろう。自家用車という言葉が「家」の字を含んでいるのは象徴的である。通勤、通院、買い物、レジャー、ドライブなど、通常想定される移動は概ねこのかたちである。ということは、自家用車の利用は通常はラウンドトリップ型が基本だということになる。そして現在は、このラウンドトリップ型の自家用車の利用を大きな前提として、道路や駐車場など施設の整備、サービスの提供がなされているので、これからもこのかたちでの利用が中心となることが自動車利用環境の構造から推測される。

このことは、あらためて言うほどのことではなく、自家用車を保有し利用している者は、自家用車利用がラウンドトリップ型であるということは意識していないだろう。なぜならば、ワンウェイ型の自家用車の利用ということが、通常は想定しにくいからである。一日を単位としてみるとワンウェイの自家用車利用として、宿泊をともなう移動、例えば旅行が上げられるだろう。しかしこれは非日常の行為についての自動車の利用であるので、日常的な自家用車利用でワンウェイを想定することは難しい。これまでの自家用車利用はラウンドトリップ利用が基本であり、ワンウェイは想定されていないといえる。

このようにワンウェイ型のカーシェアリングはラウンドトリップ型のそれと、本質的に異なるということを踏まえる必要がある。その上で、ワンウェイ型のカーシェアリングに対して一定の評価を行ってみたい。

まず、ラウンドトリップ型カーシェアリングと同じように、都市の交通手段の選択肢を増やすものとして評価するべきであろう。鉄道やバスなどのいわゆる公共交通には、種々の制約があることから、生活における全ての交通行動を賄うことは不可能であり、その制約を埋めるものとして、他の交通手段が不可欠である。その一つとしてラウンドトリップ型のカーシェアリングが有効に機能していることをこれまでに確認してきた。同様にワンウェイ型のカーシェアリングも、まず、都市における交通手段に新しい選択肢を追加するものとして評価されるべきであろう。選択肢は自転車やタクシーなども含めて、基本的には多い方が望ましいと思われるので、その点において歓迎すべきである。

次に交通行動をデザインするものとしての評価が可能であろう。

都市交通の展開には、デザインが少なくない影響を持つことが指摘されている（竹内・栗原編 2007 など）。それは、車両や駅舎などの物理的なデザインだけでなく、インターネットを活用した経路検索、接近情報の取得、ＩＣカードによる乗降など、ソフトウェアやサービスの面でも認められる。なんらかの目的を持った者が、自身の移動を合理的に、また、快適に、あるいはスマートになど、プラン、デザインするということに対する貢献である。ラウンドトリップ型のカーシェアリングについても、ＩＣＴを含めた運用全体のデザインと、ある種のスマートさが普及の要因の一つであることは既に第1部において述べた。レンタカーが持つ実務的な印象に対して、なにがしか自身の交通行動をデザインする心持ちというものが作用していると思われる。そうした面から見て、ワンウェイ型のカーシェアリングについても、都市における交通行動をデザインするという心象を加速させる役割を果たすものとして、評価ないし期待することができると思われる。

さらに現時点では推測とならざるを得ないが、これまでにない移動手段であることから、新しい利用目的、需要を創出するものとなるであろうことが考えられる。そして、その需要はバス、タクシー、一般にコミュニティサイクルといわれる乗り捨て型のレンタサイクルの需要と、ある程度近しいものとなるであろう。筆者は、先に述べたとおり交通手段の選択肢の増加や交通行動のデザインを助けるものとしてワンウェイ型を評価し、その展開に期待をする立場であるが、今後普及させるにあたっては、これまでになかった交通手段として、その影響に留意が必要であろう。

4-2　その他のカーシェアリング

個人保有車両を用いたカーシェアリングがある。事業者として株式会社アース・カーが実施している。個々の車両がアース・カーの保有によるものではなく、個人などが保有している車両をレンタカー登録して利用し、カーシェアリングの運用、予約管理、問い合わせ対応、課金などを事業者が行うというものである。

利用者にとっては、通常のラウンドトリップ型と変わるところがないが、自家用車であったものをカーシェアリング車両として転換するというコンセプトはユニークなものであり、資源としての自動車車両の有効活用、利用率を上げるしくみという点では評価できるものである。また、事業としては採算に乗らない地域において、その地に居住する者が車両を提供することで、カーシェアリングのエリアを広げることに貢献することは考えられる。

次に、個人保有の自動車を別の個人が借りることを仲立ちする、いわばＣ to Ｃ型（consumer to consumer）のカーシェアリングが存在する☆52。

こうした大手企業などにより事業化されていないカーシェアリングをどのように捉えるかであるが、筆者は一九六〇年代の個人の共同利用に近いものであると考えている。それは、移動のための交通の基盤のひとつである事業化されたカーシェアリングとは、少し性格が異なるものであると思われる。共同利用はかなり古くからあるが、それが広く普及することはなかった。それをインターネットの普及、ＩＣＴ技術などにより次元の違うサービスに昇華させたものが現在のＣ to Ｃ型のカーシェアリングであると考えている。

個人が自家用車を保有し、基本的にその保有者のみが利用するというこれまでの固定化したかたちにとらわれることなく、それでいて自動車移動を実現しようとするＣ to Ｃ型の試みは、自動車保有を考える上で極めて興味深い事例である。しかし、このかたちはレンタカーの枠組の中に位置づけられているこれまでの他のカーシェアリングと異なり、一定レベルの保険加入や車両の整備が業として義務づけられないことなど、利用者にとって重要な点で異なっている。この点は確認しておくことが必要である。
この二つの事例をみると、カーシェアリングの基盤としてＩＣＴの果たしている貢献の大きさ、意味合いの深さを再確認することになる。

［注］
52　例えば「カフォレ」というサービスが二〇〇八年に事業を開始している（林 2011）。

第5章

カーシェアリングを軸とした都市交通政策の提案

5-1 自動車の現状

5-1-1 統計数値からの確認

第3部のさいごで将来に向けた政策のビジョンを検討するにあたって、まず自動車の現状を統計、調査などから確認する。近年、自動車をめぐる状況は、一般に自動車離れと言われているが、これまでのモータリゼーションの時期とは異なる様相をみせている。

近年の自動車保有台数についてであるが、原付を除く全ての車種でみると、長年一貫して増加を続けてきたが、二〇〇七年の約七九二三万六〇〇〇台をピークにその後微減傾向となり、二〇〇九年が七八八〇万一〇〇〇台、二〇一一年が七八六六万一〇〇〇台となっている。その後、再び増加に転じ二〇一二年七九一一万三〇〇〇台、二〇一四年に八〇二七万三〇〇〇台と初めて八〇〇〇万台に乗り、二〇一六年は八〇九〇万一〇〇〇台と微増を続けている。

人口や世帯数との関係においてその保有率を十分に検証する必要があるが、一九五〇年代から一貫して右肩上がりで増加してきた自動車保有台数が頭をうち、横ばい傾向にあることがみてとれる。

自家用車の保有に関する意識の変化について、一部のアンケート調査の結果により一定の傾向を見いだすことが可能である。

まず、社団法人日本自動車工業会による乗用車市場動向調査二〇〇九年版によれば、自家用車の非保有世帯や、以前自家用車を持っていたが保有を中止した世帯が、二〇〇五年と二〇〇九年との比較で首都圏においても地方圏においても増加傾向にあることが明らかになっている（日本自動車工業会 2009）。また、同じく乗用車市場動向調査二〇〇八年版では、特に比較的若い世代を中心に、いわゆる自動車離れの傾向が認められると指摘している。当該調査では、現役の大学生（一八歳から二四歳）の自動車に対する意識を、現社会人（二〇歳から三九歳と四〇歳から五九歳の二つのグループ）の大学生当時の状況との比較により分析している。

特に自動車以外の興味の対象である、映画や旅行、ゲームなどの商品やサービスと、自動車への関心を比較分析したものがある。その結果によれば、現四〇から五〇歳代が自身が大学生のころ興味関心があったとする製品・サービスの一位が「ファッション」であり、自動車への関心は七位であった。現二〇から三〇歳代では一位が「パソコン」で自動車は「携帯音楽プレーヤ」などに抜かれ一〇位となっている。現大学生世代ではさらに、「アニメ・マンガ」などに抜かれ、自動車への関心は一七位となっている。年齢が若くなるに従い、自動車への関心の優先順位が下がっている傾向が現れている（日本自動車工業会 2008）。こうした状況は、一般に概ね了解される傾向であると言えるだろう。

他方で、免許保有者数の状況については、一貫して増加傾向を維持している。

こうした傾向については、単に自動車離れととらえて終わりにするのではなく、もう少し現状を詳しくみてみることが必要であると思われる。

5-1-2 自動車から離れているのか——利用目的と利用の明確な関係の成立

モータリゼーションの時代の自動車の保有は、３Ｃなどと表現されたように、消費の代表的なものであったが、統計数値でみてきたように近年はこうした面が弱まっており、一般に自動車離れとして指摘されることが多い。

しかし、鈴木謙介は、近年の若者の様子として次のように分析する。

> 今どきの若者はクルマを買わなくなったということが、ここ一〇年くらい繰り返し語られていますね。確かに、今の二〇代、三〇代がマイカーを欲しがっているかというと、そうでもないかもしれません。ですがクルマを持っている割合自体は、必ずしも低くないはずです。というのも非都市部に住んでいる限り、クルマなしでは生活が成り立たないからです。つまり、ショッピングセンターを核とした郊外の経済圏、消費環境は、自動車での移動を中心に設計されていて、仲間と遊ぶにしても、映画を見に行くにしても、クルマなしではどうしようもないというのが現実だからです。しかし、ここでいうクルマというのは、か

つて黄金時代のマイホームを築く時に目指されていた、「家族をレジャーに連れていくためのクルマ」でも、周囲が皆マイカーを持ち始めたからわが家も……といった見栄と結びついた「ステータスを誇示する道具としてのクルマ」でもありません。それは、友だち・仲間という人間関係を形成する道具としてのクルマなのです。そうした彼らにとってクルマの価値を、黄金時代のそれと同じものと考えて、クルマを売ろうとしても、売れないのは当たり前です。（中略）黄金時代の価値観を持たない若い世代にとって、クルマは仲間がいる場所への移動、仲間とどこかに行くための、極めて実用的な道具なのです。そこで価値を持つのは、値段の高い「記号的付加価値」のあるクルマや、女の子にモテるための道具ではありません。そのことは、ショッピングセンターや郊外の娯楽施設に集まっている若者たちの乗っているクルマの傾向を見ると一目瞭然です。軽自動車を中心としたチョイスで、価格の安さや燃費のよさが選ばれる重要な項目になっています。家族連れだと、荷物を載せやすいハッチバックやステーションワゴンが目立ちますけど、今後は燃費のよさという意味でエコカーもその選択肢に入ってくるでしょう。（鈴木謙介 2011: 133-135）

自動車が記号的な価値ではなく、実用的な道具として評価、利用されており、そして、実用的な道具としては、友人との共有空間が持てることや、休日の過ごし方の設計のための有効な手段としては、むしろ高く評価されているという見方である。単純に自動車離れというようなことでは括れないということである。

「マイカーの夢が終わった」とザックスがいうように（Sachs 1984=1995）、自動車を保有することに対する情熱の冷め、記号的価値が低減していることは統計数値にあらわれていた。しかし、実用的な道具としての自動車、すなわち自動車の機能や効用は、衒いの欲望から解放されることにより、これまでよりもかえってクリアに正しく評価されるようになってきているというとらえ方が可能である。保有ではなく利用に焦点があたるようになってきているのである。

ここでは非都市部における自家用車の利用のされ方が取り上げられているが、こうした見方はカーシェアリングの利用のされ方、普及の様相にも似ている。記号的価値ではなく実用的な道具として自動車をみる、そうしたクリアな目で見た場合、自分専用の自動車を保有することは必ずしも重要ではなく、カーシェアリングは利用目的を達成するための魅力的なしくみ、サービスとして評価されていると見るべきだろう。第2章でカーシェアリングについて、自動車の長所を活かした、効用の高い利用がなされていることを見てきた。しかしそれは、近年ではカーシェアリングに限らず、自家用車を保有している者についても、確認できる傾向なのである。

二〇一三年版の国土交通白書に次のように述べられている。

> 若者の免許保有率と車の保有率はそれぞれ減少傾向にあるが、若者の免許取得率は車の保有率ほどには減少していないことから、車の「保有」意欲と車の「利用」意欲を別々に扱うことが適切と考えられる。
>
> （『2013 年版の国土交通白書』自動車利用の動向）

このように白書が自動車利用と保有の区分に言及したのは、カーシェアリングが商業化し一定の定着をみせたことが背景もしくは前提にあるだろう。これまでは白書にいう「保有」と「利用」にズレがあることは、経済的な理由などによる単なる保有までの時間差として扱われてきた。しかし、二〇一三年度版の白書では、「別々に扱」わざるを得なくなった。自動車の取得、保有と自動車の利用が一連のことがらであった時期と、そうではなく、取得、保有しない利用が可能な時期。カーシェアリングの出現の前後で、都市部においてはこのように異なる時期を想定することができる。「「利用」意欲」という言葉は画期的である。そして、都市交通政策の立場からは、自動車を取得、保有しないで利用することを前提とした政策の検討が可能となったといえる。

夢から醒めて自動車離れが起こったのではなく、夢から醒めたことにより、自動車の利用目的なり効用がより明確になり、そのことが、自家用車保有者に対してもカーシェアリングユーザに対しても影響を与えていると捉えることが適切であると考える。

5-2 具体的な政策の検討

5-2-1 カーシェアリングサービス全般の向上

先に、今なすべきはライフサイクルの大きなスパンでの選択において、バランス型の方に今よりも多くの者を誘導することであると述べた。そしてそれを無理なく、利便性を兼ね備えたかたちで利用することができるように、サービスのレベルを高め使いやすいしくみとし、そしてそのような選択が魅力的であることを示す必要があると思われる。

例えば次のようなことへの配慮が求められる。

・スマートさ、快適さ
・主体的に選択し自分でプランするという矜持
・環境問題について貢献しているという自負
・良い地域に住んでいるという満足感　等々

こうした観点から、カーシェアリングを軸とした政策の方向性及び具体的な方策の提案を行う。

今後のカーシェアリングの有効な普及施策の方向性を考えると、まず、利用者の効用を高めることが最も有効であると思われる。利用者がカーシェアリングに不便さを感じて自家用車利用に戻ることのないように、より快適にそうしたライフスタイルをおくれるように、カーシェアリングのサービスレベルを維持し可能な限り向上させることが必須である。

カーシェアリングの使い勝手、サービスレベルをさらに上げるためには、車両の増設とカーステーションの密度を高めることが最も有効であると思われる。カーステーションと車両が自宅の周辺に高い密度であることが、使い勝手に大きな影響を与えることは間違いがないだろう。カーシェアリング車両の台数を増やし、配置の密度を上げることが最も有効なカーシェアリングの普及と安定的な運用を維持する方策である。さらに、複数の事業者の車両を相互のユーザが利用可能とすることがあげられる。この点については種々の困難があると思われるが、大手事業者が連携した場合には、ユーザの利用環境レベルを一気に上げる方策となることは間違いがない[☆53]。

この方向を支援する政策としては、まずカーシェアリング車両に対する自動車税、軽自動車税、自動車取得税などの軽減措置が検討されるべきであろう。ＥＶ車両などのいわゆるエコカーに対しては、既に自動車に係る地方税の軽減措置が自治体において実施されている。しかし、都市交通政策としては、走行時点でのＣＯ２排出量をガソリン車より低減させるが、利用に関しては抑制機能の働かないＥＶなどのエコカーよりも、カーシェアリングの地域への影響を一層高く評価するべきである。また、カーシェアリングのエリア拡大や、地方都市での普及のために、事業者が採算の面からカーシェアリングの導入をためらう地域において、行政がなにがしかの補助、優遇措置を講じることが検討されるべきであろう。

次に、カーシェアリングだけの生活は無理なのであるから、鉄道やバスなどの基幹となる交通機関についても、高いレベルで維持し、可能な限りサービスの充実を図ることが必要である。そのように地域の交通システム全体を確かなものにしていくことにより、カーシェアリングの利用者の生活全般における移動を支え、効用が上がり、バランスのとれたライフスタイルが維持される。同時にいわゆる公共交通の利用も安定する。繰り返しになるが、鉄道やバスなどとカーシェアリングとは「相互に補完する関係」にある。

また、鉄道等とカーシェアリングの連携を強める施策などが有効であろう。既に一部鉄道事業者とカーシェアリング事業者の連携により、ＩＣカードの共通化や両者を乗り継いだ場合のポイント付与などが実施されている。こうした、他の交通機関とカーシェアリングを一枚のＩＣカードで利用できるような、相互の連携の強化を進めていくことが有効であると思われる。

重要なことはその地域における移動の利便性、サービスのレベルを、カーシェアリングを含めた交通の基盤、環境の全体として高め、維持することである。そのことにより、バランスのとれた移動を行う者の行動が安定し、またそうした者が増え、地域に好影響をもたらしていくものであると考えられる。

5-2-2　「レジャー」と「買物」への手当

「レジャー」利用と「買物」利用については、自動車の本質的な効用に沿う形で利用がなされているので、自動車を利用することの妥当性が高いということを先に述べた。現代における自動車利用について、自家用車というしくみがふくらませた部分をそぎ落としていくと「レジャー」と「買物」が残る。移動するプライベート空間としての自動車の代替となりうる交通手段は、現時点では他に見出しにくい。荷物運搬については、各種の運送業も存在するが、食材や日用品の運搬を日常的に運送してもらうかたちはあまり合理的なこととは思われない。こうした自動車以外で代替のききにくい利用は、確実に維持し快適にする方向に進めるべきである。

カーシェアリングによる月に一度から週に一度程度のロングドライブ、「レジャー」を積極的に支援することにより、それ以外の日常的な頻度の高い自動車利用を回避するという組立てが考えられる。カーシェアリングの走行距離は長い方が政策的には活用の価値が高いのである。事業者は既に長距離利用に対するパック料金の設定など、優遇策を実施している。また、提供される車両についても工夫が可能であろう。現在のカーシェアリング車両は、家族での「レジャー」によく用いられるワンボックスタイプや4WDの車両は少ない。この点について、アウトドアを含めたレジャーに手厚いラインナップにすることは有効であろう。

政策としてできるのは、「レジャー」の行き先でのカーシェアリング車両の駐車に係る優遇など、目的地における施策が中心となると思われる。非都市部における観光地において行政の支援のもとカーシェアリングを導入し、都市部からそこまでは鉄道利用で、旅先の周遊にカーシェアリングを提供するという組立ても可能であろう。旅先での移動手段が限られることが理由で鉄道利用などをあきらめ、旅程の最初から最後まで自動車利用になることを回避する手段が模索できる。

「買物」については政策として実施可能なことはあまり想定しにくいが、カーシェアリング車両を駐車の面などで優遇するように商業施設の側にインセンティブを与えるような施策は考えられる。また、事業者が行える手だてとして、車両の中に貨物車両を含めると大型の物品の購入の際などに利便が増すであろう。

そして、いわゆる公共交通では代替しにくい利用としての「レジャー」「買物」は保護し、「通勤」を代表とする鉄道、バスで代替しやすい利用については政策的に削減を進めていく。こうした自動車利用の中身を区別、色分けした政策が必要であると考える。

5-2-3　自動車の機能レベル、スペックの利用時における選択

自動車の車種、スペックの選択について検討したい。

多くの場合、道具のスペックは利用の時点で選択する。金槌やのこぎりは、素材の種類、大きさなどに合わせて道具を選択する。鍋は料理の種類や用途によってその形状や大きさを選択する。しかしながら、自動車については、これまで利用する際にではなく取得、保有の時にスペックを選択してきた。これまで

は、１・免許保有、２・自動車取得、保有、３・利用の順番が固定であった。そのため、取得、保有の時に利用時の機能の予測・想定による車種、機能、グレードの選定が必要であった。通常は種々の利用があるので、取得時に最大公約数的に車種を選択せざるをえなかった。そのため、利用時の機能とズレが生じるであろうし、オーバースペックということもしばしば招く。都市部における４ＷＤ車両の購入などがそうであるが、そもそも一人暮らしの者が五人乗りの小型自動車を購入するなら、そのことが既にオーバースペックであると言うこともできる。

カーシェアリング以降の今は、１・免許保有、２・自動車借用、３・利用、の順なので、可能性としては利用時の目的・用途に合わせて自動車のスペックを選択することができる。荷物運搬、遠出、短距離、デート、その他、自動車には利用目的に合わせて、多数の車種が存在する。近年、外国製を含め車種に少し広がりが出てきたとはいえ、カーシェアリングは、中、小型の乗用車が大半であるため、現実にそうした車種を選べるかどうかというと、現時点ではむつかしい。しかし可能性としては車種の利用時における、車種、スペックの最適化を実現することができる。

カーシェアリングの利用者の効用として、現状では可能性というべきであるが、自動車の性能や車種、スペックを利用の際に選択できることがあると言える。様々な車種、スペックの車両を一つのカーステーションか、近い距離にバリエーション豊富に準備、提供することにより、今まで以上にカーシェアリング利用者の効用が増す。利用の際に機種やスペックが選択できるようになると、その点については、単一の自家用車を保有することよりカーシェアリングの方が有利にさえなるのである。

政策ではないが、方向性の一つとして確認しておく。

5-2-4　税制

自動車の公共性を検討するにあたり、税制にあらためてふれると、現状においては事業用車両の自動車諸税が自家用車よりも低い税率となっているが、カーシェアリング車両の自動車諸税は、その公共的な性格、地域に与える好影響を評価し、青ナンバーの事業用車両と同様に一般の自家用車より低い税率とすることも検討すべきであると考える。また、カーシェアリングの公共性を評価し、欧州で行われているような、道路上にカーシェアリングのカーステーションの設置を認めることも検討に値するだろう。社会実験段階においては、一部において自治体からの支援がなされることはあるものの、事業段階においてカーシェアリング事業を支援している事例は見あたらない。

ＩＣＴ技術などのさらなる発展により、自動車がこれからますます公共性を強めていく方向であることはまちがいないであろう。カーシェアリングがそのひとつの先行するかたちである。鉄道やバスと同等とまではいかなくとも、カーシェアリングの公共性を正確に把握し、都市交通政策に位置づけることが必要であると考えている。鉄道やバスやコミュニティサイクルのように、地方公共団体が運営するカーシェアリングが生まれてもよいであろう。

5-2-5　行動のデザイン

都市の交通の将来を展望するにあたって、既に指摘されているとおり非常に重要な鍵となるのがＩＣＴとデザインである。

ＩＣＴについては、鉄道の乗り継ぎダイヤや料金をインターネットで検索することは、既に定着した。

指定席の予約も行える。ＩＣカードを使った乗車については、全国的な共通化も進み、ごく当たり前のことになりつつある。バスの現在位置や接近情報を、バス停やスマートフォンなどに案内、表示するバス・ナビゲーションシステムの導入が進んでいる。スマートフォンのＧＰＳ機能を活用し、タクシーを現在の所在地に簡単に呼び出すことが可能となっている。自動車単体はカーナビなどを通じて、ネットワークに組み込まれようとしている。カーシェアリングがその利用、運用においてＩＣＴ技術を基盤としていることは既に述べた。

また、車両のデザインが鉄道やバスの乗車への誘因として影響することは、既によく知られている。こうしたハードウェアのデザインに限らず、シームレスな乗り継ぎの実現や、経費的に得となる乗り継ぎ乗車など、ソフトな意味でのデザインについても一層重要となってきている。行動をデザインするという観点である。

このように、ソフトとハードにまたがり、リアルに、またヴァーチャルに、移動というものがシームレスに繋がったかたちで、そしてスマートに実現されるとき、アーリが言うように自動車は半公共的な性格を持ったものとなり、大きな流れの中に組み入れられている。そうした流れの中でワンウェイ型のカーシェアリングも位置づけられるべきものと考える。

具体的には、鉄道と路線バスを基幹として、ラウンドトリップ型とワンウェイ型のカーシェアリング、コミュニティサイクル、タクシーなどが、相互に連携するかたちで存在する地域。それらはＩＣカードなどにより簡単にアクセス、利用が可能であり、ダイヤや空き情報の検索などはネットワークを通じて行われる。徒歩による移動で、簡単な買い物など、一定のことがこなせる地域がベースとなっていることが望ましいだろう。

そしてそこに利用者が自身の行動をデザイン、プランする楽しさ、喜び、それらから得られる満足感などがあることが、おそらく今後の進展を加速させるために大切である。アメリカのカーシェアリングの拡大を担った、zipcarでは配置された車両にニックネームをつけている。こうした遊び、楽しみの面に今少し目を向けることが今後の政策に有効であると考えている。そうした喜びや楽しさが大きな考量を促しそれを安定させるものであると思われる。こうした、喜びや楽しさの部分が拡大するように進めることが、今後、効果的な施策を検討する場合の適切な方向であると考えている。

5-2-6　地域全体の計画の中で交通を考えること

都市や地域全体の計画、デザインとして交通を考えるべきであることを述べる。

欧州の例えばドイツのヴォーバンなどの小規模な都市などでは、集合団地など一定の地域の全体として車庫の制限などにより自家用車の保有をコントロールしながら、その代わりにカーシェアリングを配置している事例がある。そのように地域全体、街全体として交通のあり方を考えていくことが、今後重要である。

国内においても都市住宅整備公団が造成した団地にカーシェアリングを導入する事例や、分譲マンションにカーシェアリングが導入される事例が確認できる。こうした地域や施設全体のビジョンに基づく動きは、これから増えるであろう。そもそも現在のカーシェアリングは、交通機関を含めた種々の機能の集積した地域、すなわち都市の基盤を前提としており、それがなければ成り立ち得ないサービスである。カーシェアリングに限らず、今後の交通政策は、地域全体のビジョンの中で検討されなければ有効なものとはならないであろう。

そして、少子化、高齢化が進む中で、持続可能な交通システムを確立しようとした場合、今後の交通政策は、居住地の選択にまで視野を広げざるをえないと思われる。例えば自動車通勤については、大きな図式としては、都市の中心部から離れた、相対的に地価の低廉な居住地を選択し、自動車の贅沢な利用を頻繁に行い、利用者が大きな効用を得ながら、交通渋滞などの不経済を増加させているとみることが可能であろう。そして、第2章2-5でみた、①定期制②定時性③頻度④目的地の固定性の全てが高い通勤と通学は、いわゆる公共交通により代替しやすい。いわゆる公共交通を維持、運営させる政策の立場からすると通勤と通学は最大の安定的な顧客であり、この需要を獲得せずに持続的な経営は成り立ち得ない。

既に富山市などにおいて、「通勤」を含めて、いわゆる公共交通機関中心のライフスタイルを行わせるために、鉄道駅の近隣での居住地の選択や共同住宅の建設に対して補助金を支出するという、これまでにないインセンティブ政策が実施されている☆54。この居住地の選択という部分について、政策として視野にいれることも今後は検討せざるを得ないだろう。

自動車の走行を注視するよりも地域づくりまちづくりの視点から眺めるほうが、より妥当な評価がなされ有効なビジョンが生み出されると思われる。

5-2-7 自動車の中の公共性

これまで自動車による移動は、自動車の保有と運転免許の保有が要件となることにより、極めて個人的な色合いの濃い移動とされてきた。道路交通法の適用や賠償保険制度などにより、個人性が一層高まることとなる。

そうした観点に囚われることなく、自動車の小型化、環境性能の向上、交通事故回避、自動運転、ＩＣＴの高度な活用等々、種々の面からあらゆる技術とアイディアを総動員し自動車移動の中にある公共性を掬いだし、着目し、それを強める、ないし広めること。このことがこれからのひとつのビジョンとなりうると考えている。

その先駆的な事例として、自動車を保有しないで利用する手法であるカーシェアリングを捉えるべきである。カーシェアリングの検討を通じて、自動車の個人的な面を詳しく細かくみていくと、自動車の利用をいわゆる公共交通機関との対比において、個人的なもの、すなわち非・公共的なものとして捉えなくても、そこに公共的な性格があることに気づく。実際にカーシェアリングは、既に会員制で共同利用を行う「公共的な」交通機関なのである。地域の交通の基盤としてあり、鉄道やバス路線と同様に、その施設との距離、位置関係が地価に影響するような性格のものである。一般に考えられている以上にいわゆる公共交通は企業の原理により運営されており、他方カーシェアリングは一般に考えられているより多くの公共性を持っている。

筆者はこの自動車の中にある公共性を高め、広げる観点から、自動運転の技術の今後の進展、実用化に強い関心を持っている。

関心は主に二つあり、一つは自動車利用の外部不経済の中で、今なお克服すべき最大のものである交通事故の回避、低減に対して貢献することが見込まれることである。自動車の外部不経済は今後も不断の努力により、軽減を図らなければならない。自動車を公共的に位置づけるためには、このことが必要な条件となる。

いま一つは、究極的な公共性を持つ自動車移動である自動運転の実現可能性としてである。呼べば玄関先まで迎えに来て、目的地までDoor to Doorで運転免許がなくても運んでくれる自動車。現在においてもタクシーが実現していることであるが、無人の自動運転車両で可能となり、料金が低廉になれば新たな移動の手段、サービスが生まれる。運転免許を持たない者を含めた、個人が占有する自家用車ではない公共的な自動車の利用が可能となる。カーシェアリングは公共的ではあるが運転免許の保有を前提としている。運転免許を持たない者が、他の運転者や援助する者なしで自動車による移動が可能となれば、特に移動に困難をともなう身体障害者や高齢者などにとって、それは、極めて有効な新しい移動手段、交通機関として位置づけられるであろう。これまでのマストランジットを前提としたかたちではなく、現在行われているデマンド型のバスに近似したサービスを想定することが可能であろう☆55。

このようにカーシェアリングがもたらしてくれた考え方の拡張を踏まえ、第4部において自動車の今後進むべき方向、自動車の未来について、自動運転技術の進展と完全自動運転を想定しながら考えてみたい。

［注］

53　二〇一三年四月からJR西日本レンタカー&リース株式会社とタイムズ24株式会社の連携がなされたが、駅前レンタカーとカーシェアリングの相互利用の実現であり、完全なカーシェアリング事業者同士の融通ではない（二〇一三年三月二一日付けタイムズ24株式会社の広報資料による）。

54　富山市は「富山市公共交通沿線住宅取得支援事業補助金交付要綱（平成一九年一〇月一日施行）」にもとづき、鉄道及び路線バス沿線の「公共交通沿線居住推進地区」内に新たに住宅を取得する個人及び集合住宅を建設する事業者に対して補助金を交付している。

55　二〇一五年三月に石川県珠洲市が国内での先進的な自動運転の公道実験を行ったが、「バスやタクシーに代わる過疎地の交通手段として実用化を目指す」との記事が掲載されている（二〇一五年三月二日付け朝日新聞）。

第4部　自動車の効用を組み込んだ交通政策の方法

——自動運転に期待されること、危惧されること

第４部のはじめに

なぜ交通政策に自動車利用が組み込めないのか

本書の最終部では、自動車利用を今後の交通政策の中でどのように位置づけていくべきかということについて、前半においてカーシェアリングを中心に検討したなかで明らかにしてきた「自動車利用の効用」ということに焦点をあてて考えてみたい。

自動車利用の効用は極めて高い。しかし、交通政策の分野においては、これまで自動車の社会的費用が検討の中心となり、自動車の効用についてあらためて論じられることは少なかった。それどころか、効用の高さが自動車の利用量を増加させると考えられることからか、自動車の効用の高さを否定的にとらえるか、見ないことにしているか、そういう状況が続いてきた。

各種の交通政策に関連する法律には、公的に資金が投入されたり、公的にサービスが提供されている鉄道やバスなどのいわゆる公共交通機関と、道路、建築物、設備等の施設の改善、バリアフリー化などを進めることが主要な施策として定められており、各種政策はそれを追従するかたちで進められている。

どうして自動車利用は交通政策に組み込まれてこなかったのだろうか。

次の理由が考えられる。

ア　現状において自動車利用の大半が自家用車利用であること
イ　自動車利用による外部不経済が大きいため、自動車利用は抑制すべきとの前提があること
ウ　自動車の利用者の属性と利用目的への着目が不足していること
エ　自動車利用には自動車運転免許が必要であること

「ア」についてであるが、「自家用車」は、特定の個人なり世帯なりだけが効用を受けるものであるため、通常公共性が認められない。そして現状においても自動車利用は多くの場合自家用車利用であるため、自動車利用が政策の対象となりにくい。しかし、本書はカーシェアリングを検討し、自動車を共同で利用することにより公共性の高い自動車利用がありえることについて明らかにしてきた。つまり、「ア」に関する対応は、自動車の共同利用を一層普及させるという方向で既に見通しがたちつつある。

そして、自動車利用が交通政策に組み込まれない理由の残りの部分が、自動運転技術なり完全自動運転によって改善、ないし解決されることが十分に可能であり、大きな期待がもたれることに気づく。

こうした期待にもとづき、本書の最終部第４部においては、自動運転の技術と、それを完成させたかたちとしての完全自動運転[☆56]の可能性について検討する。

自動運転に対して期待することとして、まず、「イ」に関して自動車移動の外部不経済、特に自動車交通事故の大幅な低減の実現がある。また、「ウ」「エ」に関連することとして、移動に困難をともなう者のモビリ

ティの改善に期待している。

こうしたことにより、今後は堂々と自動車が本来持っていた効用を交通政策に組み込んでいけないか、という見通しを持っている。

一方で、自動運転がもたらすであろう負の影響として、自動車移動量の増大が予測される。それへの対応の仕方の検討も行う。

自動運転に対して期待されること、また、予想される負の影響の両方を検討した上で、いわば「自動車もあり」の交通政策を考えるための手がかりの提供、試考を行いたい。

ここであらためて確認すると、第3部まではカーシェアリングの検討であるため、基本的に自動車運転免許を保有している者の自動車利用について検討してきた。ここからは、自動車運転免許証を保有していない者や、取得することがこれまで困難であった者の自動車利用にまで検討の範囲を広げることとなる。本書の冒頭で述べた、自動車利用の二つ目のバリアとしての運転免許制度についてあらためて考え、その敷居を下げること、また敷居をなくすことを試考する。

また、これまではカーシェアリングの検討ということで、都市部における交通を中心に検討してきたが、ここからは、範囲を都市部に限定せず地方部を含めて検討の対象としていく。

［注］

56　以下単に本書において「自動運転」なり「自動運転技術」という。

第1章

自動運転によりもたらされること

毎日のように自動運転に関する記事が新聞等メディアを賑わしている。自動運転への世の中の期待の強い高まりを感じる。

しかし、その記事の多くは、自動運転に関する技術的な面からの検討が中心で、自動車産業の将来の動向を見通すことが主要な動機となっているように見える。本書では、自動車産業の将来に対する検討と比べて、あまり検討が進んでいないと思われる交通政策の視点から自動運転の可能性について考えてみたい。

まず、自動運転の技術について、カーシェアリングでの分析にならい、個人への効用と地域社会への影響とに分けて整理してみる。次に掲げるものが全てではないと思われるが、自動車利用を交通政策に組み込むという問題意識に照らして、重要と思われるものについては網羅されていると思う。

自動運転を個人への「効用」の面から検討すると、現時点の期待なり予測としてではあるが、次があげられる。

A　自動車利用の最大の外部不経済である自動車交通事故を大幅に低減させる
B　これまで以上に、楽に自動車移動ができるようになる
C　運転免許制度の敷居を下げるか若しくはなくすことにより、移動に困難をともなう者の自動車利用の可能性、範囲を広げる

地域社会への「影響」としては次が想定される。

A　自動車利用の最大の外部不経済である自動車交通事故を大幅に低減させる
D　自動車移動による交通量が増加する

Aは個人にとっても社会にとっても好ましい効用、影響であるといえるだろう[☆57]。順に検討していく。

1-1　自動車交通事故の大幅な低減

自動車利用の外部不経済のうちの自動車交通事故については、減少傾向にあるとしても、依然として解決すべき大きな問題として存在している。

確かに交通事故件数については、大きなスパンの中では減少してきている。一九七〇年に統計上最多の年間一万六七六五人であった死亡者数が、九六年に一万人を下回ってから、近年は四〇〇〇人を下回るまでに減少してきている。二〇一七年は三六九四人と昭和二三年以降の統計で過去最小となった☆58。交通事故対策は着実に進んできている。

それでも大小に関わらず自動車交通事故が多数発生し続けている。この点については、全ての自動車利用者が真摯に引き受けなければならない問題であり、筆者は現在においても自動車利用の外部不経済のうちの最大のものであると認識している。自動車からのCO2排出量の削減の問題など、他の外部不経済の問題がどれほど改善されたとしても、この自動車交通事故の問題が大きな改善をみないことには、自動車利用はいつまでも交通政策の表舞台にでることはできない。

この課題について、自動運転技術がどのように貢献していくかについては、既にさまざまなところで検討されている。そのため、技術的なことや今後の展開の見通し、ロードマップなどについては、他の専門書にまかせ、簡単に確認しておくにとどめたい。

交通事故の原因の多くが、運転者のミスであるといわれる。まず、その点について、大きな改善が期待される。

例えば、追突事故などは、法定速度を守り、車間距離を必要なだけとり、かつ前方に十分注意していれば、ほぼ確実に防げる交通事故である。にもかかわらず、自動車交通事故における追突事故の割合は高い。この追突事故については、自動運転技術により、おそらく、ほぼ完全になくすことが可能であろうし、既に市販車両にその技術が種々の条件付のかたちではあるが実装されてきている。

もちろん、交通事故にはさまざまなケースがあり、複数の要因が複雑にからみあうものであり、追突事故のように単純に確実に解決できないものも想定される。しかし、実際に複雑な原因による事故などが発生したとしても、それらの実例を細かい要素に分けて検討し、新しい視点による、新し技術を組み込んでいくことにより、時間は要するであろうが、ひとつひとつ高い確率で回避する方法が生み出されていくだろう。

また、運転者のミス以外にも、歩行者や自転車の飛び出しなど、自動車の運転者の側ではないところに起因する事故についても、理論的には、走行している自動車の周囲の道路等の基盤、歩行者、自転車、障害物等々を、何らかの技術により把握し、事故を回避していくようなことは不可能ではないであろう。

先に述べたとおり、自動車交通事故は、自動車利用の外部不経済として極めて大きなものであり、その大幅な低減は、自動車を利用する個人にとっても、社会全体にとっても大きな効用をもたらすものであり、自動運転技術の進展に最も期待するところである☆59。

1-2 楽に自動車移動ができるようになること

Bの「これまで以上に、楽に自動車移動ができるようになる」ことについては、あらためて検討する必要は少ないかもしれない。

そもそも、運転免許を保有した運転者が、運転中に行っていることの一部なり全部を「かたがわり」する機能を自動車の側に実装しようとすることが自動運転技術なのであるから、運転者が少なくともこれまでより、精神的、肉体的に負担が軽減され、楽に自動車移動ができるようになることは、あたりまえのことと言える。

特に長距離の運転は運転者にとって相当な負担となり、疲れによる注意力の低下、ミスなどが交通事故を誘発する原因となるのであるから、運転者の負担を軽くし、楽に運転、移動ができることは、個人にとって魅力的な効用であるとともに、社会的にも、自動車交通事故の低減につながるという点においては良い影響を与えるといえる。

1-3　移動に困難をともなう者のモビリティの改善

Cの「運転免許制度の敷居を下げるか若しくはなくすことにより、移動に困難をともなう者の自動車利用の可能性、範囲を広げる」ことについて、太田勝敏は次のように現時点での見通しを述べる。

これは従来の車での移動が、特別な技能を持つ人だけが操作できる車両で、車両には単なる乗客・同乗者以外に必ず（心身共に正常な状態での）運転者がいて常時運転に専念し安全を確保することを基本としているのに対して、運転者は不要で、現在バスやタクシー、あるいはエレベーターに一人で乗れる人（自家用車の同乗者を含む）はだれでも利用可能な交通具での移動となることを意味している。この意味で一部の障がい者、高齢者、子供など自律的移動が困難な交通制約者にとってモビリティが大きく改善されることになる。（太田 2015: 69）

自動運転が、身体障害者や高齢者のモビリティの改善に貢献する可能性が高いとみており、妥当な見通しだろう。

完全な自動運転にまで至らない段階においても、安全を高めるための技術を部分的にでも前提とすることにより、自動車の運転免許制度について、免許取得者のハードルを、全くなくすことはできなくとも、少なくとも下げることが可能だろう。すでに警察庁において、高齢者に対して安全装置を装備した自動車に限定して運転を認めることを検討しているとの報道があった☆60。同様の意味合いで障害者等の運転免許の取得のハードルを下げることが望まれる。いわば自動車利用のバリアフリー化の推進である。

個人にとって自動車利用の最大のバリアとは何か。それは運転免許制度である。自動車運転免許は法律に基づき、特定の技量、知識等を習得した特定の者にだけ許されるもので、基本的にバリアフリーの考え方と馴染まないものである。後にくわしく検討するが、移動に困難をともなう者にとっては、そのバリアを下げるための技術として自動運転に期待がもたれる。

以上、個人への効用をみてきた。基本的に良い効用が中心であるといえる。

1-4 自動車移動による交通量の増加

次に社会的な影響をみる。

Dの「自動車移動による交通量が増加する」ことは、社会への影響として、現時点では望まれることではないと言わざるをえない☆61。何も策を講じずにこのまま自動運転の技術を発展させると、地域への影響としてほぼ確実にもたらされてしまうであろう。

ところでなぜ、自動運転の普及が進むと自動車による移動が増加することが予想されるのか、その理由について考えてみる。

それは、大きくわけて次のような「可能性」として想定されうる。

・今まで適度に、または頻繁に自動車利用を行っていた者が、運転の負担、ストレスが軽減されることにより、自動車利用の頻度をこれまで以上に増加させる可能性

・いわゆる「ペーパードライバー」といわれている、運転免許証を保有しているが、何らかの理由（例えば交通事故を起こすことへの恐怖感など）により自動車利用を控えていた者が、自動車利用を増やしていく可能性

・これまで運転免許を保有していなかった者や保有できなかった者が、自動車利用を行う可能性

・自動運転車両が無人で回送する移動が発生する可能性

これらが、それぞれに自動車移動をどの程度の量増加させることになるのか、現時点において計量することは不可能であるが、それぞれに増加させていく「方向」にあることは、ほぼ間違いのないことではないだろうか。

強いて自動運転が自動車移動の「減少」に向かわせる要因をあげてみるとすれば、自分自身でハンドルを握り、アクセルやブレーキペダルを操作することにより「運転―Drive―」することに意義を見出す、求める者が自動車移動を減少させる可能性というものがあるだろう。しかし、そうした者はおそらく少数派であり、また、自動運転の技術による恩恵を受けつつ、なおかつ運転する楽しみを残しておく車両というものが（オートマチックの自動車が大勢を占める中で、未だマニュアルミッションの車両が販売されているように）、残存させられる可能性もあるだろうから、この点についても大幅な減少は招かないかもしれない。

このように、自動運転が実現すると自動車移動量は増大するであろう可能性を持っている。自動運転が地域にもたらす影響として予測されることがらである。現状における交通政策の基本的な考え方からすると、大きな負の影響を地域にもたらす可能性が高いといえる。

一部において自動運転の技術により渋滞の緩和が期待されると述べられている☆62。渋滞の発生には運転者のブレーキのタイミングなどが影響するといわれており、コントロールされた車両が整然と走行することにより、渋滞を緩和する要素が認められることはあるのかもしれない。しかしながら、全体の自動車交通量が増加することは高い確度で予想されることであり、その点に触れずに渋滞の緩和を地域に与える好影響として取り上げることは、現時点ではやや不十分な評価であると思う。

ここまでで、自動運転が個人と地域に対してもたらすと思われる、効用、影響についてその可能性を確認した。本書の問題意識から、次章以降で「C　運転免許制度の敷居を下げるか若しくはなくすことにより、移動に困難をともなう者の自動車利用の可能性、範囲を広げる」と「D　自動車移動による交通量が増加する」について、詳しく検討する。

［注］

57　ほかにも、運賃・経費の問題について自動運転が改善する可能性が高いだろう。鉄道、バス、タクシーのどの交通機関をとっても、運転士、ドライバーの人件費が不要となれば、運賃・経費の面で改善される可能性が高いだろう。しかし、その分自動運転に係る車両等の経費や、社会的な基盤の整備に費用が嵩むことも想定される。運転手の雇用の減少という問題も避けられずに存在する。

58　平成三〇年一月四日付、警察庁交通局交通企画課公報資料による。

59　このように自動車交通事故を限りなく0に近づけていくためには、自動車単体の自動運転技術や安全性能の高いレベルでの実現は当然のこととして、それ以外にも、道路や歩道などへの何らかのタグ、機器等の実装など、基盤への投資が必要となると思われる。これは、現状の自家用車を前提に、適切な道路の整備をしていることと比べて、相当な費用が必要となるであろう。しかし、自動運転を一定の地域内であれ実現し、交通事故を限りなく0に近づけられるのであれば、今後、今までと比べて基盤の整備及びその維持に相当に経費が嵩んだとしても、実現される効果の高さを考えると、そこに公共的な資金を含めて投資する正当性は十分に得られるものと筆者は思う。

60　毎日新聞 2017.6.30 など。

61　ただし、将来的に地域によって、全てを自動車移動で賄っていくことの方が、社会的に適切と判断する可能性は否定できない。

62　毎日新聞 2018.2.24 など。

第2章

移動に困難をともなう者にとっての自動車利用

2-1　移動に困難をともなう者の移動の状況

そもそも移動に困難をともなう者とはどのような者で、どのような移動の状況なのであろうか。正確な把握は困難であるが、その傾向をとらえることはできる。

第五回近畿圏パーソントリップ調査にもとづき、京都府が、移動に困難をともなう者の移動の状況について分析した結果を参照する。

回答者の属性として次のとおり定義して比較を行っている。

①「外出に関する困難なし」

②「外出に関する困難あり」

「困難」の内容は「歩行がほとんどできない」「歩行ができるが、時間がかかる、体力を要す、歩きにくい（妊婦や骨折等のけがを含む）」「車いす（電動含む）を利用」「外出には付き添い、介助が必要」「公共交通（一般タクシーを含む）を利用できない」「見たり、聞いたりする際に不自由がある」である。以下、本章において適宜、単に①の者、②の者という。

京都府の調査によれば、①の者の外出率は八二・六％であるのに対して、②の者の外出率は四三・九％であった。次に、平日一日あたりのトリップ数（目的ごとの移動の回数）を、外出した者と外出しなかった者の両方を合わせて比較した場合、①の者は二・三八トリップで②の者は一・二〇トリップである（京都府2010）。

ごく大雑把に見て、②の者は①の者に対して、一人当たり半分程度しか移動していないということができるだろう。この①の者と②の者との移動の量の格差については、何らかの方法により改善することが望ましいものとして存在している。

2-2　移動に困難をともなう者による自動車利用の状況

では、移動に困難をともなう者の、自動車利用を含めた移動手段の傾向はどのようなものであろうか。

同調査結果によれば、①の者は五三五万七〇〇〇トリップ／日のうち、三五・八％が自動車（タクシー、介護タクシー・福祉有償運送を含む）で移動している。②の者は二二万四〇〇〇トリップ／日のうち四三・五％が自動車で移動している。母数が大きく異なるが、前節でみたとおり②の者は①の者と比較して、半分程度の外出率であったが、外出する場合、①の者よりも高い割合で自動車で移動していることがわかる。

鉄道とバスの利用についても、①の者は鉄道とバスをあわせて一九・四％の利用率であるが、②の者は一四・九％と高くない。

移動に困難をともなう者は、そうでない者との比較において、自動車を利用して移動する割合が高い傾向にあることがわかる。パーソントリップ調査は都市圏を中心に行われる調査であるため、地方都市部、地方部においては、さらに一層自動車の利用率が高くなる傾向にあると推測される。移動に困難をともなう者については、タクシーや介護タクシーを含めて、Door to Door 型の自動車に依存する傾向が高いということができるだろう。

2-3　ハードウェアとしての自動車車両の進化と普及

別の統計数値から、②の者の自動車利用が増加傾向にあることを確認したい。

一般社団法人日本自動車工業会の統計によると、いわゆる「福祉車両」と呼ばれる、移動に困難をともなう者の移動に適した自動車の販売台数は、近年大幅に増加している。

二〇〇一年度に三万三七八四台であったものが、二〇一四年度に四万七八六九台と大幅に伸びている。特に「車いす移動車」と呼ばれる、車いすでの乗降、搬送を容易にしている車両についての伸びが著しく、二〇〇一年度に一万二二七九台であったものが二〇一四年度には二万八五〇〇台と二倍以上の販売台数の伸びを示している。（（一社）日本自動車工業会 2015）

福祉車両が増加し普及が進んでいる理由として、近年、自動車メーカーが、該当する車種として、車いすをスロープやリフトで昇降させることのできる機能を持った車種や、シートが回転し、乗り降りを容易とした車種の開発、販売を積極的に進めていることと、高齢者の増加、介護制度を活用するために外部の施設まで移動させる需要が増えたこと、介護福祉施設の増加などにより、施設が福祉車両を保有することにより台数が増加したことなどが理由であると推測される。

販売台数の増加だけを取り上げて、②の者の自動車利用の増加を単純に計量することはできないであろうが、②の者が自動車に乗せてもらいやすくなり、乗せてもらう機会が増えている傾向にあると推測することは無理のないみかたであろう☆63。

しかし同じ統計によれば、移動に困難をともなう者が、自ら運転できるようにするために、なんらかの改造が加えられた車両である「運転補助装置付車」については、二〇〇一年度に四一九台であったものが二〇一四年に五七〇台となっている。伸びはあるものの、そもそも絶対数が極めて少ないことを確認しておく。乗せてもらうことが主であろう福祉車両の増加と比べて、②の者が自ら運転する自動車である「運転補助装置付車」の普及は大きく遅れていると言えるだろう。

このことを踏まえ、次に移動に困難をともなう者の運転免許取得について考える。

2-4　運転免許制度について考える

2-4-1　運転者の問題

本来、移動に困難をともなう者にとっては、鉄道やバスよりも、その構造的に、また運行のされ方から、自動車の方が便利で効用が高い☆64。それでも鉄道やバスが、高齢者や移動に困難をともなう者の移動にとって重要であると一般によくいわれる。そのようにいわれる根拠のひとつとして、鉄道やバスは、自動車運転免許を持たない者でも利用できるという点が考えられる。現在、鉄道やバスが、一般に高齢者や障害者などの移動に困難をともなう者に対して、やさしいと言われている（若しくは、そうなろうとしている）ことの理由の一つとして、これらの者が自動車運転免許を保有していないことが多いということがあるだろう。

運転者の状況に着目し、パーソントリップ調査を再び参照すると、①の者と②の者のそれぞれについて、自動車で移動する場合の、運転者に関する分析がある（京都府 2010）。

①の者は「自分」の運転が六七・二％、「家族」が一一・〇％、「その他」が三・二％で、残りは「不明」一八・六％となっている。（「その他」は知人・介護タクシー・福祉有償運送等）

②の者は「自分」が三七・四％、「家族」が二六・六％、「その他」が九・九％、不明が二六・一となっている。

２-２で確認したとおり、外出に際しての自動車の利用は、①の者が三五・八％であるのに対して、②の者は四三・五％と高い。しかしながらが、自分で運転している割合については、①の者の六七・二％に対して、②の者が三七・四％と、大きな隔たりがある。また、「家族」による運転が、①の者は一一・〇％であるのに対して、②の者は二六・六％と高い割合であることにも着目しておきたい。

このようにみてくると、②の者が①の者に対して、一日の移動量が半分程度に少なかったことを改善するために、家族等に運転してもらうのではなく、自分自身で自動車で移動できるようになれば、少なくないモビリティの改善の効果があると見込むことが可能であると思われる。

しかし、身体障害者などによる運転免許の取得には川口明子が指摘するように様々な障壁があり、簡単には進まないという問題がある。身体障害者による運転免許取得を増やしていくためには、自動車教習所や運転免許試験場の設備、人員体制等について大きく改善するなどの環境整備が必要となってくる。よって、現時点においては、移動に困難をともなう者が、自らが自動車を運転することにより、自身の交通を改善することには相当な困難がある（川口 2000）。

身体障害者などによる運転免許の取得の状況についてみてみる。

２-４-２　身体障害者等に対する条件付運転免許の保有者数

警察庁交通局運転免許課によれば、「補聴器の使用」「特定後写鏡の使用」「身体障害者車両に限定」「義手・義足の条件」という区分により条件を付された運転免許の保有者数（以下「条件付運転免許保有者」という）は、平成二七年の年末時点で全国に二四万七一七二人となっている。（警察庁 2016）

この数字を通常の運転免許の保有者数と比較すると、あらゆる種類の運転免許保有者数は平成二七年時点では約八二一五万人であり、運転免許保有者全体に対する先の条件付運転免許保有者数の割合は、〇・三〇％である。比較的一般に取得される免許の種類にしぼり、第一種免許の保有者から「大型」「大型特殊」「小型特殊」を除くと、平成二七年の数値は約七五七九万人となり、それでも条件付運転免許保有者の割合は〇・三三％にしかならない。

厚生労働省の公表数字で、全国の身体障害者数は三九三・七万人とのことである。全ての障害者に運転免許取得に際して条件がつくわけではないが、条件付運転免許保有者はそのうちの六・二八％となる（厚生労働省 2017）。

②の者の自動車による移動の割合が高いことや、家族による運転の割合が高いことなどから考えると、条件付運転免許の取得者数が現状よりも増えると、②の者の外出率を高め、モビリティ格差の改善が進むのではないかと期待することができる。

2-4-3　運転免許制度のパラドクス

運転免許制度はパラドキシカルな性格を有している。

それは、自動車の機能や効用は、身体能力、運動能力の「低い者」の移動を大いに助けるものであるにもかかわらず、身体能力、運動能力が一定レベルより「高い者」にしか運転免許が与えられないというパラドクスである。

二〇一六年の運転免許返納者数が過去最高だった☆65。このことをどのように評価するべきか。

高齢者による交通事故の割合が高いため、交通安全のためにやむを得ないことである、とする考え方はあるだろう。この考え方を否定することはむつかしい。しかし、高齢者については、高齢化が進むと歩行に困難がともなう場合が増え、自動車利用のニーズが高くなるが、それにもかかわらず、そのように運動能力などが低下することによって、運転免許の返納が求められてしまうのである。

また、身体障害者等については、そもそものはじめから運転免許の取得に対して高いハードルがあり、免許の取得率は低く、取得そのものができない場合が多い。

結果として、運転免許制度は、これまで、移動に困難をともなわない者に対して更に早く遠くへ移動することを可能にし続け、反対に移動に困難をともなう者の自動車利用を難しいものとし、両者のモビリティの格差を拡大してきたのである。このことは良く考えてみるべきことである。

今後、自動運転技術が進展し、運転免許制度の敷居を下げるか若しくはなくすことにより、運転免許制度のパラドクスを解消し、移動に困難をともなう者の自動車利用の可能性、範囲を広げ、モビリティの格差の改善に大きく寄与することを期待している。

［注］

63 本書の第2部で述べた、自動車、特にその保有が利用を創出してしまうことには留意が必要である。しかし、②の者が①の者と比べて、現状において移動の量が大幅に少ないことを考慮すると、単純に新たな機能を付加された自動車が新たな移動の需要を生み出していると捉えることは適当ではないであろう。

64 単純に考えれば、door to door で、家族や知人以外の者に気兼ねないかたちで移動できる自動車という交通手段が、移動に困難をともなう者が移動する、もしくは移動させてもらうのに便利な手段であることは「自明」である。座席について考えてみると簡単に理解ができる。鉄道やバスは、特急列車やごく一部の特殊なサービスを除いて、乗車したあとで席を確保するまで、座れるかどうかがわからない乗物である。特に下肢の不自由な者などにとって、この座れるか否かが乗ってみるまでわからない状況が、おそらく相当に厳しいものであることは想像に難くない。鉄道やバスの乗車定員と座席数は、通常は一致していない。しかし、自動車は原則として一致している。座れる。移動に困難をともなう者にとって利用しやすい交通手段は、その構造から考えて鉄道やバスなどの相乗りで路線の決まった交通機関ではなく、必ず座って door to door で移動できる自動車なのである。このことは、社会的に必ずしも理解されていないというわけではないと感じる。しかし、交通政策やバリアフリーの推進政策において、移動に困難をともなう者のために明記されている施策は、鉄道やバスが中心となっており、こうした視点は関係する法律や交通政策には明確に現れてこない。

65 朝日新聞 2017.03.10 など。

第3章

自動運転による弊害

3-1　自動車移動の増加

次に、自動運転によりもたらされるであろう弊害について検討しなければならない。カーシェアリングがそのしくみにより、地域にもたらす影響としては次を確認した。

オ　カーシェアリング利用は一般的な自動車利用より絶対量において少なくなる傾向にあり抑制機能が働くこと

カ　地域の交通基盤が拡充され、バランスのとれた交通システムが実現できる、もしくは実現しやすい地域となること自動運転については、カーシェアリングとは反対に、地域へもたらす影響として自動車利用を増大させてしまうという、「オ」と反対のことが予測されるのである。交通事故の減少など、良い面がいくら進もうとも、結果として自動車移動が大幅に増加するのであれば、相変わらず交通政策に自動車移動を組み込んでいくことは難しいであろう。

ただ、交通政策に自動車移動を組み込むかどうかは別としても、自動運転が実現すると発生するであろう、この自動車移動の増大の問題については、今まさに交通政策の立場で考えなければならない課題であることを指摘しておきたい。

自動運転がもたらす効用への着眼と評価は、政策として検討しなくとも利用者の選択により自然となされ、その評価を背景として自動運転の分野はどんどん発展していくであろう。しかし、自動車移動の増加に限らず、技術が進展することにより、新たに発生する問題点については、普及の前段階からなにがしかの手だてを講じていくことが本来なされるべきである。でなければ、野放図に自動車移動が増加し、外部不経済を著しく増加させてしまった、過去のモータリゼーションの二の舞となることが避けられない。自動運転の発展・普及の前段階である今こそ考えておくべきことがある、と思うのである。

今、交通政策の立場で自動運転を考えるための、いくつかの方向性なり軸となることがらを提起する。

3-2　自動運転時代の自動車交通量の抑制策

自動運転が実現されたときには、前に述べたとおり、これまでより大幅に自動車移動が増大する虞がある。いくらこれまでより、低速で整然と事故を発生させずに走行する自動車移動であったとしても、すなわち、自動車移動による外部不経済の多くを解決したかたちであったとしても、その大幅な増大を全く問題としないということは交通政策の観点からはむつかしいことであろう。少なくとも人口減少を前提としてコンパクトな都市を目指している地域にとって、居住地区の拡散は許容できない方向であろう。また、鉄道やバスなどのマストランジットの利用者は、確実に減少すると思われる。

筆者は、自動車交通事故の低減と、移動に困難をともなう者のモビリティの改善への期待から、自動運転の推進を強く支持する立場であるが、それゆえに、この自動車交通量の増加という弊害をなんとかして回避したいと考えている。

自動運転が持つこの虞に対して、現時点で有効と思われる対策の方向性をいくつか検討する。

3-2-1　自家用車としないこと

本書の第3部で確認したとおり、カーシェアリングは自動車利用量を抑制する作用が働く。そのため、自動運転車が自動車交通量を増加させる可能性を持つことに対しても、自家用車としないこと、共同利用のしくみにすることにより、当然良い作用をもたらすと考えられる。

今後普及してくるであろう、自動運転車について、カーシェアリングの技術などにより、自家用車ではなく、複数の者が共同で利用するしくみとする。自動運転車の全てではなくてもよく、また、必ずしも公共的なセクターが運営する必要もない。民間が運営するものでも良い。自動運転のタクシーというかたちで構想することができるだろう。

自動運転車について、すくなくともその全てを自家用車としないことを、走行量の抑制の観点からまず検討するべきであろう。

3-2-2 優先順位の設定

自動運転が実現した時点において、自動車移動について何らかの優先順位付けが必要であろうと筆者は考えている。

ホッド・リプソンほかは、完全な自動運転が実現された際の利点のひとつとして、車両の優先度を決めて捌く、「自動交通優先システム」が構築できることをあげ、次のようにいう。

> 自動交通優先システムでは、交通車両の用途が違えば優先度も変わる。もっとも優先されるのはもちろん、病気やけがを抱えた乗客がいる緊急車両だ。次に、親のつき添いのない未成年の子ども、その次に、職場や所定の仕事に向かう通勤者が優先される。一番優先度の低いのは、貨物輸送車両だろう。(Lipson ほか 2016=2017: 367)

優先順位の内容については首肯しがたいが、自動運転により自動車移動の増加が予測されることを前提にすると、自動車移動について、なんらかの優先順位をつけていかざるを得ないという観点には同意する。また、優先順位をつける以上は、自動運転車だけでなく、鉄道やバス、自転車なども含めて考え、計量し考量する必要がある。こうした、優先順位をつけることは、公正と思われる基準を設けたとしても、広く合意を得ることは非常に困難であろう☆66。また、都市ごと、町村ごと、地域ごとに基準が異なってくると思われる。

手近な考え方のひとつとして、前節で述べた共同利用の自動運転車については、個人保有の自家用車より優先するということはあるだろう。しかし、簡単に正解を見つけることは困難であると思う。

優先順位を設定するか否か、また、設定した場合、どのような順序とするかは、今後、困難でかつ重要な課題となるであろう。

3-2-3 利用者の属性と利用目的への着目

優先順位を検討するにあたってのひとつの方向として、今後の基本となるべきは、リプソンがしたように利用者の属性と利用目的に着目することである。

まず考えられることは、利用者の属性からみて、移動に困難をともなう者による自動車移動を優先させることである。

移動に困難をともなう者にとっては、自動車による移動が安全で楽であり、日常的に自動車に頼らざるをえない傾向が、移動に困難をともなわない者との比較において、より強いものであることをみてきた。

また、鉄道やバス、道路や公共的な施設のバリアフリー化、サービスを向上させることが、移動に困難をともなう者のモビリティの改善に貢献することは確かなことであるが、ダイヤや路線など、その本質的なしくみの点において、どうしてもDoor to Doorで移動できる自動車の利便性には敵わない。

そのため、移動に困難をともなう者が利用する自動車移動については、一定の配慮をすることが適当であると思う。心身の状態によっては鉄道やバスでの移動が不可能であり、自動車での移動しか選択できない場合があることなど、少なくとも配慮すべき状況の存在について確認した上で、今後の交通政策は検討されるべきであるということを指摘しておきたい。

また、利用目的からみた場合、例えば身体障害者などの通勤について配慮が必要であろう。

現状においては、自動車通勤に対しての特段の規制などは、政策としてはなされていない。そのため、移動に困難をともなわない者が運転免許を取得し、自動車通勤を選択することができた。こうした自動車利用を前提とした通勤のあり方が、住宅地の郊外化を進めたことは広く知られていることである。しかし、自動運転はこれまでの住宅地の郊外化を更に拡大する可能性を孕んでいる。

これまで、いわゆるバリアフリー法（高齢者、障害者等の移動等の円滑化の促進に関する法律（平成一八年法律第九一号））などにおいては、移動に困難をともなう者に対する交通、移動に関する政策による支援の対象として、鉄道、バスなどの車両や旅客施設の改善が明確に定められていた。しかし、身体障害者等が通勤時間帯にラッシュの鉄道、バス等に乗車することは、相当な困難なり危険がともなうことが想定される。そのため、移動に困難をともなう身体障害者などは、通勤ラッシュを避けざるを得ず、運転免許を取得できない場合には就労自体をあきらめるほかはないという状態にある☆67。

こうしたことについて、自動運転により改善できる可能性がある。

今後は、自動車通勤については、これまでよりも厳密に考え、可能であれば何らかの対策を講じていく必要があると思われる。例えば、移動に困難をともなわない者は、できるだけ鉄道やバスなどのマストランジットで通勤し、移動に困難をともなう者は自動運転車を利用するという、こうした使い分けは検討に値することであると思う。

通勤は一つの例であるが、利用者の属性や利用目的への着目は重要である。いわゆるコネクティッドカーと呼ばれる、インターネットなどと自動車との接続が強められる方向があり、そうした技術は、利用者の属性や利用目的への着目を容易に実現しやすい環境を提供すると思われる。

［注］

66 自動車移動の抑制策としてロードプライシングの導入について、種々の検討が進められながら実現しなかったことを想起されたい。

67 『障害者白書平成二九年版』に次のとおりある。「第3編障害者施策の実施状況　第2章社会参加へ向けた自立の基盤づくり」に、「ICTを活用した障害者の在宅雇用の事例」として、「(事例1) Web会議ツールを利用し在宅勤務する身体障害者の例」では「通勤が難しいため働くことができなかった身体障害者が、ICTを活用し、IT企業の顧客向け操作サポートヘルプデスク業務を担っている」とある。また「(事例2) 通勤の負荷がなくなり、仕事の効率があがった身体障害者の例」では「ラッシュ時の通勤に危険が伴うことやリハビリのために在宅勤務を希望していた身体障害者が、金融機関でプロモーション事業を行っている。」とある p96-97.

第4章

自動車移動を交通政策に組み込むための課題と方法

本書においてここまでカーシェアリングと自動運転について検討してきた。その目的の大きなものは自動車移動を交通政策に組み込む可能性を探ることにあった。

自動車移動を交通政策に組み込めない理由を再度確認する。

ア　現状において自動車利用の大半が自家用車利用であること
イ　自動車利用による外部不経済が大きいため、自動車利用は抑制すべきとの前提があること
ウ　自動車の利用者の属性と利用目的への着目が不足していること
エ　自動車利用には自動車運転免許が必要であること

「ア」については、現実的にカーシェアリングが解決しつつある。

「イ」の自動車移動による外部不経済の問題のうち自動車交通事故の問題については、自動運転が大きな貢献をするであろう。ＣＯ２の排出量の削減などは、自動車のＥＶ化の推進などで、かなりの改善が見込めるであろう。

「ウ」と「エ」についても自動運転により改善が期待できる。

このようにして、今後は自動車を交通政策のツールとして検討するための見通しが、可能性としてではあるが高い確度で期待できるということを示してきた。

そして、本書の最後において、カーシェアリングと自動運転の検討を踏まえ、今後、実際に交通政策に自動車移動を組み込むための課題、必要な視点について述べる。まとまりのある系統だった検討には至らないが、いくつかのポイントを提示しておき、今後の課題としたい。

4-1　アーキテクチャの可能性――コンビニクル

アーキテクチャ（しくみ）がもたらす利用者の使い勝手と効用が重要であること。このことをカーシェアリングから学んだ。

カーシェアリングはその課金を含めたしくみ、すなわちアーキテクチャによって、利用者に効用をもたらしつつ、利用量に一定の抑制が働くことから地域へも好影響を与えることができた。法律などにより規制されることでもなく、規範としての利用者のモラル等に訴えることによるのでもなく、単に経済的に得するようにするのでもなく、アーキテクチャ、すなわちしくみによって、楽しみながら望ましい利用のあり方を生み出している。

モータリゼーションにおいては、「産業」が自動車という商品を個人に販売し、それ――すなわち「自家用車というしくみ」――を増やすことにより自動車利用による「目的と移動」を作り、増やしてしまった。これからは、単体のものとしての交通用具だけを見ていては適切な方向を見出すことはむつかしいだろう。しくみに着目することが重要であると考えている。

コンビニクルという、いわゆるオンデマンド型の相乗りタクシーのようなしくみが、全国の複数の地域に導入されている。アーキテクチャを考えるために、そのしくみを参照する。

コンビニクルのアーキテクチャの概略を示すと次のとおりとなる。

・基本形態はオンデマンド型の相乗りタクシーである
・利用者は自宅と目的地と希望の到着時間を予約する
・オペレータは、複数の予約者のニーズを把握し、最適な巡回コースを割り出す
・必要な場合には、到着時間の若干の修正を提案することもある
・限られた車両を効率よく運用し、利用者のニーズを最大限に満たす
・最適なコースなどはコンピュータが独自のアルゴリズムにより算出し、また、システムはクラウド型で運用されることにより、運用主体の市町村等に専門的な負荷をかけない

車両は普通の自動車でありながら、路線とダイヤに縛られることなく、Door to Door に近いかたちで移動ができる。そして、そのしくみを市町村などが運営している。公共的な母体に運営されながら、路線とダイヤから自由であり、かつ効率の点が充足される可能性をもつしくみとして、コンビニクルの存在は極めてユニークである☆68。

現時点では相乗りであるが、自動運転との組み合わせを考えると、大きな可能性を感じる。予約を受け付け、最適な配車を割り出し、自動運転により Door to Door で送り届ける。公共的な自動車による交通手段である。これができれば、現在のコミュニティバスを補完するかたちで、地方に限らず都市部においても極めて有効なしくみとなるのではないだろうか。

4-2 ポスト自動車移動システムのビジョン

ジョン・アーリはポスト自動車移動のシステムへと転換させるための6つの技術的・経済的・政策的・社会的な変化・変容を想定している。

・燃料の変化
・車体の素材の変化
・スマートカード（ICカード）の普及

・脱 - 私有化
・需要予測モデルによる交通政策の転換
・ネットワークによるコミュニケーションの発達

そしてポスト自動車移動システムの様子を次のように描く。

豊かな「北」の社会の一部（近年、最初の水素経済国を宣言したアイスランドがその一例となるだろうか）で開始されつつある、この「ポスト自動車」のシステムは、複合的かつ高密度の移動形態から構成されるものと考えられる。すなわち、小さく、軽く、スマートで、おそらくは水素をベースとする脱 - 私有化された――そして電子的・物理的に他の多くの移動形態と（シームレスに）統合された――「乗物」である。このようなポスト自動車システムのなかでは、ゆっくりと走る半公共的なマイクロカー、自転車、多数のハイブリッド車、歩行者、それに大量輸送機関などが、物理的におよびヴァーチャルにアクセス可能な移動のうちへと統合され、ひとつの混ざり合った流れをつくり出しているだろう。電子料金徴収によってアクセス、料金、速度などが制御されるようになるだろう。近隣の人びとは、より精密な生活パターンや統合された土地利用によって、「近隣によるアクセス」をつくり出すようになるだろう。諸々のシステムによって動力つきの交通手段とそうでない交通とのあいだの、そしてまた多様な仕方で「移動中の」人びとのあいだの電子的な協調関係が促進されるだろう。小さく軽いモバイル・パッドを、所有するのではなく、必要なときにそれにアクセスするというのがクールな移動の方法になるだろう。（Urry 2005=2010: 58-59）

ここにあるのは、ポスト自動車システムのひとつの説得力あるイメージである。水素を燃料とする燃料電池車への転換は、少し先のこととなるとしても、ここに描かれている社会像は種々の魅力的な性格を持っている。脱私有化されていること、自転車や大量輸送機関などと混ざり合った流れをつくり出していること、電子的に料金や速度が制御されていること、必要なときアクセスするというかたちとなること、などである。もう既に現在の交通システムの中で起こりつつある現象も含んでおり、将来を確実に予感させる。

自動運転については明確に記述されていないが、「電子的・物理的に他の多くの移動形態と（シームレスに）統合された――「乗物」「ゆっくりと走る半公共的なマイクロカー」などの表現を見ると、自動運転という単語を使っていないものの、同様の技術なり方向を視野においたビジョンであると言って問題ないであろう。

4-3 今後の地域交通のモデル――自動車とマストランジットとの共存

アーリのビジョンにもあるように、今後の交通政策を検討するにあたっては、高速と低速にわけて、また遠距離と近距離を分けて考えるべきであろう。

近距離の低速と遠距離の高速。これを上手に組み合わせ、地域ごとの実状に応じた交通の体系を組織するべきである。モータリゼーションにおいては、自家用車を利用することにより、Door to Door で遠くへ早く着くことに手段を提供してしまった。このことを今考え直すことが必要であろう。

近年は、小さな交通に着目する動きがある。スローで小さな交通手段、モビリティに関する注目が集まっている。それは有効な考え方であり、今後重要な視点となると思われる。

> 自家用車は少人数で乗り、小回りがきくだけではなく、身障者の行動範囲を広げることもできるという側面もある。だから自家用車は〈小さい交通〉としての資格を十分にもっている。ところが、自家用車が高規格道路と結びつくと、俄然〈大きい交通〉として振る舞うようになる。（大野ほか 2015: 7）

示唆に富む指摘であろう☆69。

高速で遠距離を移動する幹線と、低速で近距離を移動する小さな自動車という役割分担なり棲み分けが可能だろう。

近距離を先ほどのコンビニクルのような低速の自動運転の自動車が担う。高速で遠距離の移動については、これまでの鉄道やバスなどが担う。低速の小さな自動車が、そのまま高速の幹線交通に組み込まれ、また降車地から移動できる、カーフェリーのようなしくみも可能かもしれない。ずっと同じ席に座ったままで移動できるしくみができあがれば、利用者にとってはよいことになるであろう。

国や都道府県、交通事業者は、市町村では担いきれない高速で遠距離の移動に特化し、幹線としての役割を担う。また、効率と経営を優先し、通勤と通学に明確に重点を移し、自立と持続を図る。

可能なモデルではないだろうか。

4-4 個別化された異なるミッションの存在

最後に交通政策を担う側が抱える問題について触れておきたい。移動に困難をともなう者にとっての移動に限らず、自動車移動を含む交通、移動の問題を政策として検討する場合、多くの行政分野、セクターにおける課題、方向、ミッションなどが複雑にからんでくる。いくつかの行政、政策分野と、それらが交通に対してどのような主要な方向性、ミッションを持っているかを、簡単に例示してみる。

①警察行政　・交通事故を削減したい
②交通政策　・自動車交通を減らしたい　・鉄道、バスの利用を増やしたい
③産業政策　・自動車生産と販売を増やしたい
④雇用政策　・自動車産業での雇用を維持したい
⑤福祉政策　・身体障害者等の移動を支援したい
⑥税制　・福祉の観点から資源の再配分を行いたい
⑦都市政策　・コンパクトでバリアフリーな都市を実現したい

⑧環境政策　・運輸部門からのCO_2排出量を削減したい

非常に大雑把にとらえても、上に掲げるような政策的課題、ミッションが、行政分野、政策分野ごとに異なるかたちで付与されている。国の場合においては省庁別に課せられた、もしくは自ら目指すものとして設定し掲げている。

一方で、一般の個人は、楽にスマートに安全に安価に移動したいと考えている。移動に困難をともなう者は、そうしたことに加えて、大きな負担がなく楽に移動したい。また、できれば他者の支援を借りずに自分自身で移動できるようになりたい、という望みを持っていると想定してもよいだろう。

そして、先の①～⑧は、国においては各省庁別に法令に基づき義務づけられ、進めるべきものとしてある。これらは、複雑になっておりトレードオフの関係にあるミッションもあるだろう。

では、こうした状況の中で、自動運転の可能性も踏まえ今後はどのように考えればよいのだろうか。

4-5　基礎自治体の動向からの示唆と期待——総合的な政策の観点の必要性

ひとつには、既にいろいろなところで言われていることであるが、政策を総合的に考えることがより一層重要となってくると思われる。

行政分野、政策分野ごとに自動車移動を含む交通を考えると、それぞれにミッションのベクトルが異なる。政策分野ごとに法律等に明記された目的や方向性があり、それが異なる。だからといって、それをそれぞれにバラバラなまま進めていたのでは、自動車移動の急激な増加に歯止めがかからなかった先のモータリゼーションの二の轍をふむこととなるだろう。政策ジャンルごとに施策が展開され、なおかつおそらく産業振興の分野の推進力が強かったことが先のモータリゼーションの原因であり、外部不経済を巨大なものとした。

では、どうすればよいか。

ひとつの方向性として、政策分野ごとに判断するのではなく、一定の地域において、その地域全体で総合的に評価し、方向性を定めていくという観点が重要であると思われる。期待されるのは、市町村という行政組織に課せられたミッション、立場である。

基礎自治体と呼ばれる市町村には、その地域の交通のあり方が、医療、福祉、教育、清掃、し尿処理、税金、産業、雇用、高齢者対策、その他の全ての分野に関わってくる。そのため、それぞれの分野ごとではなく、それらを総合的に勘案、計量して、その最適化のために総合的に政策を展開するミッションが課せられている。

この総合的に政策を展開するということについては、都道府県という行政組織では市町村より希薄になり、国の省庁においては更に希薄となる。「縦割り行政」ということは頻繁に言われるが、その「縦方向の割られ方」の様相は、行政単位ごとに、それらが背負っているミッションの違いから、その程度なり性格が異なる。そして、最も強く総合性を背負っているのが、基礎自治体としての市町村である。

今後の交通政策は、市町村などの比較的小さなひとまとまりの地域において、総合的に考え、進めていくことが一層重要になってくると思われる。端的にいうと、まちづくりの視点とサスティナビリティということから交通を考えることがこれからの基本となるべきである。トレードオフの関係も持つ、異なる政策ジャンルの施策の調整を行おうとすると、市町村にしか捌けないことが多くあると思う。

先にもあげたが、交通政策を軸に、居住地選択にまで政策として踏み込んでいる富山市がひとつの例となるだろうか。それ以外にも、自動運転に関して、地方部の小規模な市町村が積極的に社会実験などにとりくんでいる。今後の動向に大きな期待を持っている。

4-6　自動車関連の技術者の方への期待とエール

自動車には優れている点がある。

また、自動車には欠点がある。

それだけのことである。

これまでは、その欠点が社会にあまりに大きな影響を与えたから、普及した理由であるところの、自動車の良い点、すなわち効用の検討がおろそかになっていなかっただろうか。自動車は、多くの方にこれまでにできなかったことを可能とした。これから、自動運転の技術などが、さらにいろいろなことを可能にしていくであろう。ただし、今回は先のモータリゼーションの反省から、弊害を未然に防ぎ、最小限にしながら進めたい。

自動車関係の技術者の方に強い期待を持っている。

技術者の方には、自動車交通事故を0にすることを目指していただきたい。可能であろう。

そして、その上で、移動に困難をともなう者や、今まで自分一人で移動できなかった者を、ゆっくりで良いので、今までより楽に運ぶしくみをつくっていただきたい。

この二点を達成することによって、自動車はようやく、その効用、良さを堂々と語ることができるようになると思う。

本書では論理的な整理を試みたつもりである。これから技術的に新しい可能性を提供していただき、行政などと一体で、検証し、制度を変え、整えていく。

きっと、自動車の効用を組み込んだ、楽しい交通政策が構想できると思う。

自動車の良さを取り戻したいと思う。

［注］

68 三重県玉城町など多くの地域で導入されている。システムの概要などは、現在コンビニクルを運営している順風路株式会社のホームページなどを参照していただきたい（http://www.jpz.co.jp/odb/index.html）。

69 注意が必要なこととして、高規格道路との結びつきが自動車の走行距離を増やす方向に進みやすいことは事実であろうが、カーシェアリングの場合のように、回数が少なく「控えめに」なされる利用を（大きい交通）の範疇に含めることは適当でないだろう。同様に、自動車を利用することしか選択肢のない者については、たとえその利用が頻繁であったとしても、他に選択肢がないのであれば、そのことについて配慮すべきだろうと思う。

問題は、自家用車として利用に抑制がかからず、短距離、長距離を問わず、頻繁に利用することにより社会全体として（大きい交通）となってしまったことにあったと思うのである。これまではあまりにも大雑把に、自動車利用の全てが外部不経済を招くという動かしにくい前提があるために、自動車利用はとにかく控えるべきとの政策の立場が揺らがなかった。ここを乗り越えるためには、３‐２でみたように、利用目的や利用者の属性などに細かく注目し、それをふまえて（小さい交通）と（大きい交通）を区別して問題を検討していく姿勢が必要であろう。

おわりに

1　この地球における自動車というもの

ケイティ・アルヴォードはアメリカにおける自動車社会の悪影響を批判する書『クルマよ、お世話になりました――米モータリゼーションの歴史と未来』において、自動車の利用を結婚になぞらえ、熱心に離婚すべきことを勧めている（Alvord 2000=2013）。しかし自動車による移動はそれほど否定すべきことなのだろうか、結婚になぞらえてまで。

自動車を運転し、利用する際の楽しさ、喜び、自動車の効用、便利さは頭から否定されるべきものなのか。そして、また現在の社会において自動車の利用を否定しきれるものなのだろうか。都市の交通に今後どのようなビジョンを持つのか。筆者は当面、自動車なしのビジョンを描くのは困難であると考えている。

自動車による移動というものは、地球というものの地形と気候と、人間という生物の足や手や目の機能と、運動能力と、運搬能力と、家族の構成と、文化と、産業と、消費等々と、極めてマッチしているのである。鉄道や、同じ内燃機関を原動力とするバスやオートバイ、また自転車など他の交通手段とはなにか本質的に異なる優位性、普及の強靱さがあると思われるのである☆70。

ジョン・アーリはそのことを伝染力が強いといった。

とりわけ考察しておく必要があるのは、自動車移動が世界中で自身を創出し改変してゆくときに、それがどのような安定した形態ないしは「システム」を構成するかという点である。これを「ウィルス性」とみなすこともできるだろう――北アメリカで発生し、世界の隅々にいたる社会体のほとんどの部分に強い伝染力をもって広まり、支配的な位置を占めるにいたったものとして。実際ある程度において、貧しい国であるほどこのウィルスの力は強大になるのだ。（Urry 2005=2010: 42）

これまでは、こうした強靱さに対して、外部の不経済を指摘することで否定的に対峙することが主流であった（宇沢 1974など）。しかし、自動車の利用の増加にともなう社会的費用の増加を批判的に指摘することだけでは、利用の増加に歯止めはかからなかった。アーリがいうところの自動車移動のシステムの拡大を食い止められなかったのである。

強靱なシステムを変容させるためには、これまでとはちがった方向からの有効なアプローチを探さなければならない。

そのアプローチの一つとして、自動車移動のシステムの強靱さを支えている光の部分についても十分に焦点をあてることが有効であると考えている。これまでは、自動車の利用を問題視する観点からは多くの検討がなされたが、その効用への目配りについては不十分か曖昧であった。
ひとつの妥当と思われるビジョンは自動車の効用を踏まえて、その適度な利用を定位させることであると思われる。

2 カーシェアリング利用の「雰囲気」

カーシェアリング利用者は、自家用車の利用者と比べて、自動車の利用量が少ない傾向となることを既に確認した。しかし、カーシェアリング利用者の事例やアンケートなどから感じることは自動車利用を我慢している者のそれではない。何か自身の生活をアレンジ、デザインしている者の楽しげな「雰囲気」が認められる。おそらくこうした面、光の部分を見逃してはいけないだろう。

社会的に望ましい方向を主体的に選択してもらえるような施策。こうしたスタンスが今の交通政策には求められているのではないだろうか。再度見田を引用すると、「この社会の固有の「楽しさ」と「魅力性」という経験の現象と、それがこのシステムの存立の機制自体の不可欠さの契機であることをおさえ」ながら、今後の展望を行うことが必要であると考えている。

今後の方向としては、ライフサイクル、ライフスタイルの中で交通行動を考えることであり、そして利用目的と喜びに着目することである。自分がプランした移動に関するライフスタイルを実現させるために、カーシェアリングは機能している。我慢させるのではなく、ある種、機嫌よくそのような選択をさせている。カーシェアリングの利用には個々人が自分自身の交通行動を主体的に選択しているという、前向きな「雰囲気」が認められる。そしてその前向きさは、第2部でみたモータリゼーションの初期の様子に認められる「雰囲気」と同質のものである。

カーシェアリングや自動運転を含めた新しい交通政策は、利用者の効用を増加させて社会の費用を低減させることを目指すべきである。それが十分可能であることを、本書で示せたと考えている。

3 大阪万博と高速道路とキャロル

個人的なことで恐縮だが、今はなき私の父が最初の自家用車を取得したのは私が小学生の一九七〇年ころである。父が取得したのは中古のマツダキャロルであった。当時マツダキャロルは既に、なんというかかなり古い、型遅れの車種であった。それでも父はかなりの工面と工夫をして手に入れたように記憶している。

当時わが家は三軒長屋の借家であり駐車場などはない。父の勤務先も自動車通勤を許容する従業員のための駐車場はなく、買い物は徒歩で大概のことは賄えた。一言で言えばわが家に自家用車は必要なかった。

そうした時代、環境において父がキャロルを取得した目的はただ一つ、「自家用車で名神高速道路を使って大阪万博に行くこと」それだけであった。中古のキャロルはしばしば白煙を上げてオーバーヒートしたが、万博行きの決行の日、家族四人を乗せたキャロルは、京都南インターから茨木まで、オーバーヒートも故障もせずに往復し、父の念願を果たした。

このことが当時小学生の私の心に深い印象を残した。そして自動車を研究しているこの数年間、このことは折に触れ思い出された。そこには確かな喜びがあった。第2部においてみた、モータリゼーションの初期における運転免許の保有熱や、自家用車に対する様子は、私の記憶する父や同時代の方々の有り様をそのままに示すものであった。そこには将来に対する何らかの見通しと、楽しさがあった。

少しセンチメンタルに過ぎるかもしれないが、こうした経験が、見田の言葉を借りれば、自動車利用に「固有の「楽しさ」と「魅力性」という経験の現象」をしっかりと見据えなければ、自動車を展望する際に核をはずすことになる、と私に認識させたベースにある。そして、カーシェアリング研究から得られる成果は、また同じ認識を、私に強く示唆した。

4　自動車に係る言説のサブシステム

自動車を中心としたシステムの強いところは、それを構成するサブシステムの多さであろう。その一つに自動車に係る言説のサブシステムがある。簡単にいえば、自動車は語られやすいのである。本書もアーリがいうところの自動車移動のシステムの中の、サブシステムのひとつ「言説のサブシステム」に組み込まれ、位置づけられることになるだろう。

そして、カーシェアリングは、その自動車に係る言説のサブシステムの空間に、これまでになかった新しい機能を持つモジュールとして確実に追加された。筆者のように自動車を考える者にとって、カーシェアリングがもたらしてくれた最大の効用はおそらくこのことであろう。

本書はその新モジュールを使った処理の一つの試みであり、アウトプットである。

5　今までできなかったことができる喜びを得る道具としての自動車

もうひとつ触れておきたいことがある。

筆者は、自動車の本質の一部を、「今までできなかったことができるという喜びを獲得するための道具」として捉えて理解することができるし、またそう理解することに意味があると考えている。このように捉えると、モータリゼーションそのものや、本書で着目した、その初期における運転免許取得熱が、うまく理解できる。また、自分自身のこれまでの経験や感覚と整合する。さらに、近年のいわゆる「自動車離れ」の状況も理解しやすくなる。

カーシェアリングについても、自家用車を保有しないで自動車を利用して効用を享受するという、これまでは不可能であったことが可能となったことに対する、利用者の喜びを感じる。そして、それと同様に、自動車が、今後、一部の障害者等にとっては想像もできなかった、他者の支援を受けずに、一人で自由にこれまでより楽に、少しだけ早く、少しだけ遠くまで移動できるという、今までできなかったことができる喜びを提供できる道具になり得ないかと考えて自動運転に期待しているわけである。

［注］

70　同じ自動車であるがタクシーと自家用車やカーシェアリングとの違いはなんであろうか。まずプライベート空間の創出だろう。家族に他人である運転手が一人加わる状態は、親密な空間の創出という点において鉄道やバスなどよりも一層厳しく、気詰まりである。あと運転する楽しさという点にちがいがあるだろう。

解題　この本はまず実用的な本で、そして正統な社会科学の本だ

立岩真也

■1

この本はまず実用的な本だと思う。実用書の多くよりは値段が高いけれども、自動車を買うか買わないか、買い換えるか買い換えないかにはずいぶん大きなお金が関係してくるだろう。どうしようか考えている人、考えてもよいという人は、この本を買ってゆっくり読んで、考えるとよいと思う。まず第2章、六〇頁あたりをから読んでください。自分の車を持つのとカーシェアリングにするのとお金のかかり具合はどうかは一三八頁あたり。

そしてすでにカーシェアリングをしている人にせよ、これからのことを考えようという人にせよ、自分がしていることやこれからするかもしれないことの位置、また「いわれ」を知ることは、それ自体けっこう楽しいことだと思う。自分が今していること、これからすることが、どんな流れの中にあるとわかり、自分のために、自分の身のまわりのこととして使っているものが、どのようにこれからの世の中にも関わってくるのかを見晴らすことができるということにもなる。どこをクリックするとどうなるというマ

ニュアル本もあってよいけれども、原理とか成り立ちとかがわかった方が結局はよく頭に入るということはある。本書はそのような本でもある。第1部第1章をどうぞ。

さて。カーシェアリングというものがあることはたいがいの人が知っていると思う。私もあることは知っていた。けれども、それが駐車場など経営している会社が参入し、ネットを使って、商売として、そこそこにやれていること、成長産業であることを知ったのは、仲尾さんが大学院にやってきたからのことだった。自分では自動車(自家用車)を使わないという事情もあるからだが、私は素朴に知らなかった。それで、近所の有料駐車場を通りかかった時にちらっと見ると──私は、京都市街の北、北区、北山とか上賀茂とか呼ばれる、仲尾さん(以下著者)と似たような辺りに住んでいる──駐車場の一角にシェアリングの車を見つけて、こんなところにあるのだと思った(五九頁・図1の上の方)。タイムズ24の人が語っているが(七五頁)、以前はなにか「エコ」なものとして聞いていたものが、普通の、自動車の利用法を提供する商売として、これまでになかった商売として成立している。そういうことが現に起こっている。そして利用者にとって「まずまず」のものとして存在している(七六頁)。

2

地元の話の続き。京都市の市街地は十分にこじんまりとしているし、おおむね平らなので、私は自動車を使わない。というより純粋なペーパードライバーなので使えない。自転車に乗っている。だが、ホームセンターで苗を買ったり肥料を買ったりするときには、その荷をどうしようということはある。このごろは重いものかさばるものはネット通販をよく使うが、車が運転できるなら、カーシェアリングを使うかもしれないとか思う。

他方私にとってレジャーとは酒を飲む（飲みに行く）ことだ。私的な空間にいてしかも好きなように移動して、移ろっていく外界の光景を楽しむというのはわからないではないが、飲めない外出は無意味なので、カーシェアリングであれなんであれ自分が運転してというのはないな、と思う。

そんなことを思いながら読んでいき、私のまわりのことを思ってみると、このごろ景気がある部分の人々についてよいということなのか、ベンツやらポルシェやらをずいぶん近所でみかける。金が余っているなら使えばよろしいとは思う。顕示的消費というものはこの世から消えてなくなりはしないのだろう。ただ自動車について言えば、大きな波は引いたのだろうか。

かつて、自動車で走るような道もそんなにない、そして買ったらとても高い買い物になるのに、とにかく車を持つのだという、その願いをかなえようという、そういう時期があった。そういう時代が形成されてしばらく続いたこと、その後のことも本書で辿られる。そして「おわりに」で著者は、自身の親がマツダキャロルを買ったときのことを書いている（二六七頁）。そういえばそんな話も著者が論文を書く過程でしたことがあった。私の父親の場合は日産のサニーだった。父親は歩いて五分という職場に務めていたから通勤にはいらなかったが、買った。ただその後、母親の転勤はあったから、母親も車をもつようになり、二台とか三台とかが車庫にある典型的な田舎の車の持ち方になっていった。その父親はやがて、とても長い時間が経ってからだが、認知症になって、運転の方はまったく身についてしまっていて、できるし、したいのだが、どこにいるか行くかわからなくなるので、困った。後述もするように私の出身地は佐渡島で、自動車を運転する限りは島のなかにはいるはずではあるが、それでも困った。ごくまれに帰省した時のことだったが、私も鍵を隠してみたり、車を押しとどめてみたり、なんやかあった。

そんな時間のあいだに、社会全体としては、自動車を所有する利益は減っていったのかもしれない。消費・所有には、もっていない人がいるから、もとうとする面がある。みながもつようになると、一部の人たちのように立派なものをもって差異化しようというのでもなければ、さほどの魅力はなくなるということはある。欲望が飽和する。歴史がいったんひとまとまりし、車はそんなに強い欲望の対象ではなくなったのかもしれない。さらに、経済的な困難といったものもあるかもしれないし、他にいろいろと楽しいことが出てきたということもあるかもしれない。

ただ、終わったことは終わったこととして、それを描いておくということはある。第2部「自家用車というしくみの発生」はそんな部分になる。ここは、博士論文を単行本にするにあたって、カーシェアリングの部分だけにして、コンパクトな本にという狙いでということか、外すことも考えたようだが、私はここは読みたかった。博士論文の時も、もっと濃く書いてもらった方がもっと楽しいといったことを言った記憶がある。筆者は、わりと自動車がすきな人で、けっこう書ける人だが、個々のできごとを書き連ねていくというより、ここは大きなデータから移ろいを調べていく。マニアな人が一つひとつにこだわって書く本もそれはそれであってよいだろうけれど、統計からでもこのぐらいのことが言えるという書き方で、辿っていく。こういう押さえ方の本があってよいし、この部分があってよかった。そのひとかたまりの歴史の後、ではこれからという話にもなっていく。

■3

そうして現状を記述し、過去を辿って現在を明らかにするのだが、著者には、さてこれからどうするのがよいかという関心がある。自動車を最初から愛している人と、交通政策を考える人、著者は、その真ん中にいることにした。最初からそういう位置どりだったのかもしれないが、さらに自覚的にそういう場にい続けることにしたのだと思う。おもに第3部から第4部がそういう話になる。

すると話はしょうしょう面倒なことになる。最初から、二つの一つを切り捨てるということはしないということが、話を面倒にするということがまずある。そしてなにより、二つしかなく、そのうちの一つをとるしかないというふうにはなっていない。自家用車を所有・保有する、公共交通機関を使う、そしてカーシェアリングの自動車を使う。使い方にしても、自動車を使わない、使わなくてもすむという人がいる。他方、毎日通勤に使い、職場の駐車場においておく人とか、一日中仕事で使うとか、車が空いている時に使うという使い方ができない人もいる。カーシェアリングに適合的な使い方をする人、できる人もいるしそうでない人もいる。そして、大きな都市があり、中規模小規模の都市があり、そして田舎がある。そうしたなかで有意味なことを言うのはかなりたいへんだ。それがうまくいっているかどうか。もとになった博士論文を筆者が書いたとき、私はどのようなことを言ったのだっただろう。忘れてしまった。もうすこしうまく言える道筋があったのかどうか。あらためて検討しようかと思ったが、そして半日ぐらい考えてみたが、途中で終わった。またの機会にしよう。なお著者の文章はそっけなく思えるかもしれないのだが、それは著者が長年、公務員をしてきて、こういう文章が書けるようになってしまったことによる。そしてこういう文章は、話がうまくいっているかどうかを点検していくのにはよい文章でもある。

ただ、まず一つ、カーシェアリングが、ある人々、ある使い方をする（しうる）人にとって合理的であることは十分に本書で言えている。その実用化に寄与したのが一つにＩＴ技術だ。簡単に借りられないと、使いたい時間に空いているか、空いている時間はいつか、簡単に確認できないと、いやだ。ドアをあけるのも、しめるのも、金を払うのも、簡単でないと、気軽に使う気にならない。それが簡単になった。そして、自動車の所有・保有の価値が減った。するとカーシェアリングはありになる。

そしてそれは、(公共交通機関以外の)自動車の使用を増やす場合もあるし減らす場合もあるとする。これもそのとおりだと思う。使うだけ支払いが多くなっていけば使用は抑制される。他方、金をかけて買い取ったものは使おうとする傾向が、とくにけちな私のような人には、ある。カーシェアリングは抑制の方向に働く。ただなにぶん便利だから、ちょくちょく使おうということになるかもしれない。もし——もし、だが——今までカーシェアリングが肯定される際、使用が減ることだけを言っているのだとすれば、そんなことはないという筆者の指摘はもっともだろう。そして、本人がよければよいと考えるなら、減っても増えてもどらでもよいということになる。ここまでもその通りだ。

ただ他方でもう一つ、著者は交通政策のことを知っていて、そこにもっともな部分があることをわかっている。自動車は、混雑をもたらしたり、公害、事故を起こすことがある。すると、自家用車、というか市中に走っている車は少ない方がよいということになる。とすると、利用者にとっては使用が増えるか減るかはどちらでもよいとして、それを受けつつ、かつ利用量を減らすのにカーシェアリングはどう関わるか、あるいは減少に寄与するためにカーシェアリング、そして公共交通機関をどう配置していくか。その辺りの論の進め方がうまくいっているかである。述べたように、そこには多数の変数が関わっている。人が何を望んでいるか(当の本人だって)読めないところがある。だから現実からみていこうとするが、統計データからわかることには限界があるし、その推論の精度の問題もある。そこをどうやってやりくりして、言えるところまでどう言うか。

言えたか。ここが腕の見せ所ということになる。そしてうまくいっているかを読んで考える。自分ならどう言うかと考える。社会科学の本を読む楽しみの一つはそこにあるし、その楽しみを本書は与えてくれるのでもある。

それは著者の態度・姿勢から来ているのでもある。著者は都合のよい話はしない。カーシェアリングは自動車の利用量を増やす可能性もある、少なくなる可能性もある。何がどうなったら、また何をどうするかで、どちらに転ぶか。それを開いておいて、そして考えるという姿勢が著者にあって、それはよい。すると読者も、あとをついで考えようということにもなる。

著者、仲尾さんは、なんと勤め先を辞めてしまった。まったくもって無謀なことであると思う。おそろしいので事情は聞かない。事情は知らないし、知りたくない。ただ、本書が「学的達成」であるとして、勤めというものは方向が決まっているものであるのに対して、学がなにか「中立的」なものであって、その方がよい、ということではない、とは言えると思う。私は学問が中立的である必要があるとは思わない。何が望ましいか、それを明示したうえで、その方向に現実を向けていく営為に意義はあるし、そういうものもまた学問であってよいと思っている。ただ、いい加減に丸めこむことはしない、それが研究であることの条件であるなら、それは支持されてよい。他方に、つまりは「ご都合主義」の世界がある。私の勤め先にしたって、まあそうだ。それは、基本的には、よくない。そんなことが著者の今回と今後に関係があるのかないのか。私は、生活の資を得るということは無条件に大切だと思うから、よいかよくないかでその大切なことが左右される必要はないと思うが、それはそれとして、事実と論理に対する誠実さというものはあってよいと思っている。本書はそういう方角を向いた本だ。

■4

自動運転になると使いすぎる可能性がある、ではどうするかという議論（二四四頁から）もおもしろかった。たしかに増えるかもしれず、それでは困ることがあるかもしれない。そうかもしれず、こういうことも考えておく必要があるということだ。

それでどうするか。自家用車にしないこと（二四六頁）、使用について優先順位をつけること（二四七頁）という案が出される。車はたくさんいない方がよいという条件をよしとすると、いまの状況では移動が困難である人を優先するというのは、正当性を得られるはずだ。それはたんに必要度のより大きな人を優先するということではないと私は思う。移動のために、原理的・現実的に可能な手立てがあり、他の人たちがそれを実現できているのに、できない人がいるなら、その移動は実現されることが望ましい、ではなく、実現されるべき、なのだと言えるということだ。

しかしそれにしても田舎はどうなるのだろうとは思う。その人たちは白い軽トラックをサンダルのように使っていて、方向指示器を出さずに曲がり、たいがい低速なので、そう危険はないのだが、突然止まる。そういうふうに生きている。駐車場のための場所には困らないし、自動車に金をかけているわけではない。あるいは他にかけるものがない。家と家の間が離れていることもある。カーシェアリングはよいが、そして大きな都市というのでなくても実現可能性があることは本書で示されている通りだが、本格的な田舎ではやはりあまり現実的でないように思える。

ただ、本書が教えているのは、いろいろと考えてみたらよいということだ。私が十八までいた佐渡島の路線バスといったものは、いた時からさらに少なくなって、一日二往復とかだ。過疎の地域はどこでもそんな感じだろうが、それでも、そういう寂しいものが要らないかと言えば、要る。自家用車が使えない人は常に一定いるし、その割合は増えていく。足腰立たない人は田舎であろうが都会があろうが増えている。運転のためには足腰立たなくてもよいのだが、その車に乗り降りするのが難しいという人がいる。私の父親のような、そしてやがて母親もそうなったが、なかなかに難しい人もいる。自動運転はよいし、それに伴って生じる問題は本書でのように考えておく必要があるとして、実用化はしばらく先のことにはなる。そして自動運転でも、乗り降りやらは難しいということがある。すくなくともしばらく、人手は要る。

人手を少なくしながら、人手を使い、交通のための仕事と、もっと身体に近い、今は介護などと呼ばれている仕事とを混ぜてしまうというのがあるかもしれない。

もう三年前、『大震災の生存学』という本が出た（天田城介・渡辺克典編、二〇一五年、青弓社）。もっと早ければなおよかったのだが諸般あったそうで出版が遅くなってしまった本だが、私はそこに「田舎はなくなるまで田舎は生き延びる」という章を書かせてもらっている――じつはそこにも少しだけだが、交通の話は出てくる。どんなところでもすっかりいなくなるまでは人はいて、そして人手は結局余っているのだから、世話される人の世話することに人を使えばよいといったことを、そこで（も）言っている。

例えば自動運転というものは、人から仕事を奪うからよくないということになるのか。基本的には、そんなことはない。仕事が減るということは基本的にはよいことで、人が余るということも基本的にはよいことだ。そして、余った分をうまく使っていけばよい。著者は見田宗介の著書から引用している（一〇～一一頁）。もう長く私は見田のよい読者ではないが、彼が言っているのはそういうことだと思う。工夫して苦労して人手がいらなくなったら、結局人手が削減され、結局人々は困ることになるだろうか。ならない。というか、ならないようにすることができる、というのが私の考えである。それを納得してもらえないなら、わかってもらえるまで書こうと思っている。

具体的には、人が要る部分に人を使う。まず人をつける。その人は自動車を運転することもある。もう一人必要なら、もう一人つける。自動で動くようになるなら、そこは自動車にまかせることもあるだろう。

そうしたなんだか境界のはっきりしない仕事には公金を使いにくい、そこは自分の金であるいはボランティアでどうぞ、というのがこれまでだった。しかしそれはまったく、まず田舎のためによくない。せっかくの（金になる）仕事を減らしているからだ。金は公金を使うべきだし、さらに金のある地域からない地域への移転としてその金は流すべきだが、その金を通って仕事をするのは、そのことも本書に書かれているが、誰だってよい。免許――ここでは運転免許（二三九頁）というより営業免許――に関わる厄介ごとはあるが、それも解決可能だ。

そうしていくと、そのうち情報処理や自動運転の技術によって、省力化できる部分はあるかもしれず、それに応じて費用が減る場合があるかもしれない。しかし、かなり長い間、「公定価格」を維持する。維持するぶん、かかる費用を減らそうとする「インセンティブ」が働くかもしれない。と同時にその際一つ大切なことは、経営者よりは直接に働く人がその「あがり」をきちんと得られるようにすることだ。

なかなかたくさん考えることはある。しかしそこが考えどころで、難しいがおもしろいところだ。本書は、そんないろいろなことを考えさせてくれる。いろいろなことを考えさせてくれる本はよい本だ。

あとがき

本書は筆者が立命館大学大学院先端総合学術研究科に提出した学位論文に、あらたに第4部を追加し、その他、加筆・修正を行ったものがもととなっている。

本書の第1部と第3部におけるカーシェアリングの研究については、筆者が京都府の交通政策課に在籍していた際に携わらせていただいた、環境省の委託事業である平成二〇年度及び二一年度の低炭素地域づくり面的対策推進事業により「低炭素社会を実現する交通のあり方を考える協議会」が実施した調査結果にもとづいている。

交通政策課に在籍の間に、京都大学大学院工学研究科の故北村隆一教授、谷口栄一教授（現：京都大学学際融合教育研究推進センター／レジリエンス実践ユニット／特任教授）、藤井聡教授、中川大教授（現：富山大学副学長）、土井勉特定教授（現：大阪大学コミュニケーションデザイン・センター特任教授）、松中亮治准教授、神田佑亮准教授（現：呉工業高等専門学校教授）、愛媛大学社会共創学部の松村暢彦教授、立命館大学文学部の矢野桂司教授、鳥取環境大学環境学部岡崎誠教授、同志社大学経済学部の徳岡一幸教授、金沢大学理工研究域の高山純一教授から都市交通政策に関する多くのご教授をいただいている。

特に愛媛大学の松村教授には学位論文の副査としてお世話になり、愛媛から京都の立命館大学まで何度も足をお運びいただき、貴重なご指導をいただいた。

オリックス自動車株式会社の高山光正氏（現：日立製作所）、北山寛弥氏、矢崎陽子氏、タイムズ24株式会社の市川英司氏からカーシェアリング事業に関するたくさんの御指導をいただいた。メルセデス・ベンツ日本株式会社の村上茂泰氏から smaco および car2go に関する有意義なご教授をいただいた。

交通政策課在籍中にいただいた先生方からのご指導と、社会実験などの経験が、本研究の下地となっている。ここに深い感謝の意を表する。

本書をとりまとめている二〇一七年の暮れに、立命館大学大学院先端総合学術研究科の渡辺公三教授の訃報に接した。

渡辺教授には本書のもととなった学位論文の副査をつとめていただいたほか、博士予備論文（通常の大学院における修士論文にあたるもの）においても指導教官のお一人としてご指導を仰いだ。全く専門外の分野であるにもかかわらず、丁寧に論文をお読みいただいて頂戴するご指導から、多くの貴重な示唆を得るとともに、前向きにご評価いただけることで、拙い論考であってもそれを進めていくための力を頂戴したと思っている。

本書をお届けできなかったことが心残りとなってしまったが、渡辺教授がお持ちであった、後続のものを前に進めさせる丁寧なご指導や、学問に対する真摯な姿勢と視線をわずかであれ引き継がせていただきたいと考えており、筆者なりに、これからも研究や指導に努力することでご恩に報いたいと思う。

筆者の家は、最初のマイカーがキャロルであったが、渡辺教授のおうちはルノーのノックダウン車であったとおっしゃっていた。もうあの優しい笑顔に接することができないと思うと、残念でならない。

心からご冥福をお祈りする。

同研究科の立岩真也教授には、研究科に入学した当初から本書の出版まで、一貫して大変お世話になっている。渡辺教授と同様に、全くの畑違いの分野でありながら、筆者が研究の方向性が定まらず、立ち往生しているときに何度も助けていただいた。立岩教授から「仲尾さん。それアリですよ」という感じの肯定感のこもったご指導を何度も頂戴することによって、どうにか研究を継続することができた。立岩教授がいらっしゃらなければ、本書はおろか、査読論文の一本も世に出せていなかったのではないかと思う。

学恩は計量しがたく、言葉に尽くせないものがある。

さらに先端総合学術研究科に在籍の間に、井上彰准教授（現：東京大学大学院総合文化研究科准教授）、天田城介教授（現：中央大学文学部教授）、後藤玲子教授（現：一橋大学経済研究所教授）、上野千鶴子特別招聘教授（現：東京大学名誉教授）、故西川長夫教授、西成彦教授、故遠藤彰教授、吉田寛教授、小泉義之教授、松原洋子教授、Tad McNulty 氏、平賀緑氏から極めて貴重なご指導をこれまで様々な場面で賜った。

また、研究科の先輩研究者である北村健太郎氏、森下直紀氏、吉田幸恵氏、角崎洋平氏、野崎泰伸氏、櫻井悟氏、安部彰氏から論文の執筆について多くの指導、アドバイスをいただいた。

ここに深い感謝を申し上げる。

先生方、先輩方のご恩に報いる趣旨から、ここで少しだけ先端総合学術研究科の宣伝をしたいと思う。

研究科のホームページなどをご覧いただくとわかるが、研究科が設置されてから交通政策をテーマとして修了したのは筆者だけである。しかしながら、そうした研究テーマの孤立は、必ずしも筆者に限るものではなく、極めて多様な研究分野をテーマに、多数の修了生が生み出されている。

研究科の懐の深さは尋常ではない。

そうした研究科であるので、専門分野である交通政策の直接的、具体的なご指導やご助言を得ることはまれであったが、そのかわり各先生、先輩諸氏から研究に関する姿勢を学ぶことが多かった。研究の分野が異なっても、学問に関する姿勢は共通するものがあり、どのような分野からでも学ぶところは大きい。

逆に、具体的なことではなく、基本的な姿勢を学べたことが、筆者にとっては幸いであったと感じている。道なき道を行くような不安感があったことは確かだが、長い目でみると、大きな財産になっていると思う。

とにかく骨太の学問をしておられる先生方ばかりである。志を高く持っておられる方には、格好の研鑽の場になると思う。ご興味がおありの方は、研究科や関連する生存学研究センターのホームページをご参照いただきたい。

株式会社生活書院の髙橋淳氏には、出版に不慣れな筆者に辛抱強くご対応いただき、ご苦労をおかけした。深い感謝を申し上げる。

最後に、常に負担をかけている家族に感謝の意を表したい。

二〇一八年六月

仲尾　謙二

文　献

アーサー・ディ・リトル・ジャパン , 2018,『モビリティー進化論――自動運転と交通サービス、変えるのは誰か』日経ＢＰ社 .

秋山孝正, 2001,「都市圏構造の変容と交通行動の特徴」北村隆一編『ポスト・モータリゼーション』学芸出版社, 45-62.

Alvord, Katie, 2000, Divorce your Car!: Ending the love affair with the automobile, British Columbia: New Society Publishers.（=2013, 堀添由紀訳 ,『クルマよ、お世話になりました――米モータリゼーションの歴史と未来』白水社.）

尼崎禎三, 1967,『自動車の運転免許制度』技術書院.

青木英明, 2001,「カーシェアリング, 世界の動き――初期の試行錯誤から多様な事業展開まで」『交通工学』36（2）: 26-34.

浅野光行 , 2011,「 カーシェアリング―都市の新しい交通手段」『 婦人之友』105（9）: 102-105.

麻生哲男・外井哲志・梶田佳孝・吉武哲信・辰巳浩, 2004,「福岡におけるカーシェアリングシステムの導入およびその利用実態」『土木計画学研究・論文集』21（2）: 359-366.

Baudrillard, Jean, 1970, La societe de consommation: Ses Mythes, Structures, Paris: Editions Denoël .（=1995, 今西仁司・塚原史訳 ,『消費社会の神話と構造〈普及版〉』紀伊国屋書店.）

Botsman, Rachel and Rogers, Roo, 2010, SHARE: What's Mine Is Yours, New York: HarperCollins Publishers.（=2010, 関美和訳 , 小林弘人監修『シェア――〈共有〉からビジネスを生みだす新戦略』日本放送出版協会.）

土井勉・西井和夫・酒井弘, 2001,「都市型観光とまちづくり」北村隆一編『ポスト・モータリゼーション』学芸出版社, 113-141.

Featherstone, Mike and Thrift, Nigel and Urry, John, 2005, Automobilities2005, London: SAGE Publications.（=2010, 近森高明訳 ,『自動車と移動の社会学――オートモビリティーズ』法政大学出版局.）

藤井聡 , 2003,『社会的ジレンマの処方箋――都市・交通・環境問題のための心理学』ナカニシヤ出版 .

――――, 2008a,「自動車を巡る社会哲学的論考――「かしこい」クルマの使い方を考える」『国際交通安全学会誌』33（3）: 275-285.

――――, 2008b,「環境・社会・経済に配慮した「次世代型モビリティ製品」と「クルマ」のあり方について」『日本機械学会 第四回座談会「環境と CO2 削減について」資料集』: 9-15.

濱野智史 , 2015,『アーキテクチャの生態系――情報環境はいかに設計されてきたか』筑摩書房 .
林えり子, 2011,「車の貸し借りを仲介し新たな「シェア」を創造する」『WEDGE』23（9）: 82-84.
林洋 , 1995,『「成熟期」の交通論――21 世紀の交通改革のために』技術書院 .
樋口善郎, 2003,「カーシェアリング社会の可能性」『京都大学文学部哲学研究室紀要』6: 109-123.
平石浩之・中村文彦・大蔵泉, 2005,「カーシェアリング社会実験の現状と導入に向けた計画手法の課題」『土木学会論文集』786: 3-10.
広岡治哉 , 1967,「モータリゼーションと都市交通――都市交通の将来をめぐって」『経済評論』16（10）: 22-33.
星野芳郎 , 1961,『マイ・カー――よい車わるい車を見破る法』光文社 .
市丸新平, 2009,「わが国におけるカーシェアリング普及のための課題と方策の考察」『第 39 回土木計画学研究発表会・講演集』.
池田洋子, 2009,「「環境交通のまち・あらかわ」の実現に向けた取組み」『交通工学』44（2）: 27-30.
今泉みね子, 2014,「ドイツ環境政策通信 躍進するカーシェアリング」『科学』84（4）: 377-381.
猪井博登・山室良徳・田中文彬・白水靖郎 , 2013,「平成 22 年近畿圏パーソントリップ調査から見た移動困難者の移動実態」『中央復建Ｃ . 技法』43: 1-6.
海道清信 , 2007,『コンパクトシティの計画とデザイン』学芸出版社 .
川口明子 , 2000,「身体障害者の運転免許取得に関する諸問題」『国際交通安全学会誌』26（1）:67-73.
加藤晃 , 1973,「自動車と人間」伊東光晴ほか編『現代都市政策Ⅷ 都市の装置』岩波書店, 253-280.
加藤晃・竹内伝史 , 1963,『都市交通論』鹿島出版会 .
桂木洋二 , 2007,『コロナとブルーバードの時代』グランプリ出版 .
木野龍逸 , 2009,『ハイブリッド』文藝春秋 .
北村隆一編 , 2001,『ポスト・モータリゼーション』学芸出版社 .
――――, 2006,「自動車文明がもたらしたもの」国際交通安全学会編『「交通」が結ぶ文明と文化――歴史に学び、未来を語る』技報堂出版 , 186-219.
――――, 2008,『交通工学』オーム社 .
小磯勝直 , 1988,『くるま昭和史物語――昭和３０年代のヒーローたち』JAF 出版社 .
Lessig, Lawrence, 2006, CODE version2.0, New York: Basic Books.（=2007, 山形浩生訳『CODE VERSION2.0』翔泳社 .）
見田宗介 , 1996,『現代社会の理論』岩波書店.（再録 : 2011,「現代社会の理論 増補版――情報化・消費化社会の現在と未来――」『定本見田宗介著作集Ｉ』岩波書店, 1-170.）

三井亨保・外井哲志，2007，「わが国におけるカーシェアリング事業の実態」『国際交通安全学会誌』32（2）: 140-148.
三浦展，2011，『これからの日本のために「シェア」の話をしよう』NHK 出版．
村上敦，2004，『カーシェアリングが地球を救う——環境保護としてのニュービジネス』洋泉社．
仲尾謙二，2011，「カーシェアリングの利用実態について—京都市における事例をもとに」『Core ethics』7: 199-210.
————，2012，「運用方式からみたカーシェアリングの普及要因に係る考察」『Core ethics』8: 279-290.
————，2013，「カーシェアリングがもたらすもの——利用者の効用に着目した分析」『Core ethics』9: 175-186.
西村弘，2007，『脱クルマ社会の交通政策——移動の自由から交通の自由へ』ミネルヴァ書房．
西村大志，2008，「改造車研究の可能性」『国際交通安全学会誌』33（3）: 244-252.
————，2012，「「若者」と「クルマ」の現在をとらえ直す——社会学的視座から」『国際交通安全学会誌』37（2）: 105-114.
新田保次，2016，「道路交通関連の社会資本整備の理念転換」大久保規子編『緑の交通政策と市民参加—新たな交通価値の実現に向けて—』大阪大学出版会，43-62.
小川雅司，2002，「モータリゼーションの時系列分析」『交通学研究』（46）: 181-190.
岡並木，1972，「くるまをどう走らせるか」『運輸と経済』32（6）: 6-21.
————，1997，『甦る「都市のスリッパ」—公共レンタカーの挫折と復活』モビリティ文化出版．
大野秀敏・佐藤和貴子・齊藤せつな，2015，『〈小さい交通〉が都市を変える——マルチ・モビリティ・シティをめざして——』ＮＴＴ出版．
大島卓・山岡茂樹，1987，『自動車』日本経済評論社．
太田裕之・藤井聡・西村良博・小塚みすず，2008，「カーシェアリング加入促進手法についての実証的基礎研究」『土木学会論文集』64（4）: 567-579.
太田勝敏，1997，「マイカーに代わる新しい交通手段——車共同利用（カーシェアリング）の動き」『地域開発』394: 50-55.
————，2015，「自動運転車時代の交通とその社会」『国際交通安全学会誌』40（2）: 65-71.
太田和博，2008，「道路整備の中期計画と道路政策の課題」『国際交通安全学会誌』33（1）: 24-33.
呂寅満，2008，「「国民車構想」とモータリゼーションの胎動——新三菱の乗用車開発過程を中心に」『MMRC ディスカッションペーパー No194』.
Sachs, Wolfgang, 1984, Die Liebe zum Automobil: Ein Rückblick in die Geschichteunsere Wünsche, Reinbek: Rowohlt Verlag GmbH.（= 1995, 土合文夫・福本義憲訳『自動車への愛——二十世紀の願望の歴史』藤原書店.）

齋藤俊彦 , 1997,『くるまたちの社会史――人力車から自動車まで』中央公論社 .
――――, 1992,『轍の文化史――人力車から自動車への道』ダイヤモンド社 .
坂井幸三郎 , 1969,「モータリゼーションの進展（１）」『青山経営論集』4（1）: 65-86.
桜井清 , 2000,「モータリゼーションの進展（１）」『和光経済』33（1）: 1-26.
佐藤佳年 , 1965,「わが国のモータリゼーションの進展」『運輸と経済』25（9）: 22-32.
Shaheen, Susan, 2013, Trends and Trajectory of Shared Mobility.
http://innovativemobility.org/?project=trends-and-trajectory-of-shared-mobility（2018 年 1 月 7 日取得。）
Sheller, Mimi, 2005, "Automotive Emotions :Feeling the Car,"Mike Featherstone, Nigel Thrift and John Urry eds., Automobilities 2005, London: SAGE Publications, 221-242.（ =2010, 近森高明訳『自動車が動かす感情――自動車を感じること』M. フェザーストン・N. スリフト・J. アーリ編著『自動車と移動の社会学――オートモビリティーズ』法政大学出版局, 347-379. ）
杉山雅洋・国久荘太郎・浅野光行・苦瀬博仁編 , 2003,『明日の都市交通政策』成文堂 .
鈴木春男 , 1993,『交通をめぐる意識と行動』勁草書房 .
鈴木謙介 , 2011,『" かかわり " の知能指数―SocialQuotient』ディスカバー・トゥエンティワン .
鈴木四郎編 , 1974,『運転免許行政の記録』, 新三容 .
鈴木徹也, 2007,「カーシェアリングによる CO2 削減効果」『自動車研究』29（2）: 61-64.
正司健一, 2001,「ロードサイドビジネスの発展とその背景」北村隆一編『ポスト・モータリゼーション』学芸出版社, 67-91.
竹内和彦・栗原典善編, 2007,『デザインが「交通社会」を変える』技報堂出版.
橘木俊詔, 2004,『家計からみる日本経済』岩波書店 .
田口秀男・木村一裕・日野智・木内瞳, 2009,「地方都市におけるカーシェアリング利用の影響要因と導入可能性に関する研究」『都市計画論文集』44（3）: 517-522.
高田公理 , 1987,『自動車と人間の百年史』新潮社 .
――――, 2008,「日本社会と自動車」『国際交通安全学会誌』33（3）: 224-233.
高須豊・藤井聡 , 2004,「免許取得による自動車利用と保有に関する信念の変化分析」『土木計画学研究・論文集』21（2）: 515-522.
高山光正, 2009,「環境にやさしい交通システムをめざして―カーシェアリングの現状と展望」『交通工学』44（5）: 14-19.
――――, 2011,「 拡大するカーシェアリング事業」『自動車技術』65（2）: 46-51.
武田晴人 , 2008,『シリーズ日本近現代史⑧ 高度成長』岩波書店 .
谷口綾子 , 2008,「公告キーワードにみる自動車のマーケティング戦略」『国際交通安全学会誌』33（3）: 234-243.
谷藤正三・山田清臣・高田邦道 , 1969,「わが国のモータリゼーションの動向に関する研究」『道路』316: 33-39.
外井哲志, 2009,「わが国におけるカーシェアリングの現状と推移」『都市問題研究』61

（12）: 45-58.
鶴蒔靖夫 , 2011,『 なぜ、いまカーシェアリングなのか――「タイムズプラス」が提案するヒトとクルマの新たな関係』IN 通信社 .
内田晃, 2014,「ドイツにおけるカーシェアサービスの現状と利用実績に基づいた優位性の考察」『住宅』63（5）: 3-12.
上田篤 , 1979,『くるまは弱者のもの――ツボグルマの提唱』中央公論社 .
上野裕也・武藤博道 , 1970,「自動車工業論――保護政策の実態と評価」熊谷尚夫編『日本の産業組織Ⅲ』中央公論社 , 412-450.
Urry, John, 2005, "The'System'of Automobility,"Mike Featherstone, Nigel Thrift and John Urry eds., Automobilities 2005, London: SAGE Publications, 25-39.（ =2010, 近森高明訳『自動車移動の「システム」』M. フェザーストン・N. スリフト・J. アーリ編著『自動車と移動の社会学―オートモビリティーズ』法政大学出版局, 39-62.）
宇沢弘文 , 1974,『自動車の社会的費用』岩波書店 .
和田秀樹 , 2016,「2016 年 1 月 15 日付。WEB RONZA」.
http://webronza.asahi.com/national/articles/2015122400003.html 2017.03.11 アクセス .
八木麻未子, 2003,「日本におけるカーシェアリングの現状と課題」『PRI review』7: 2-5.
山口昭男 , 1979,「自動車産業政策」北田芳治・相田利雄編『現代日本の経済政策 下巻』大月書店 .
山本俊行・中山晶一郎・北村隆一, 2005,「再配車を用いない複数ステーション型自動車共同利用システムの挙動に関するシミュレーション分析」『土木学会論文集』786: 11-20.
山崎修嗣 , 2003,『戦後日本の自動車産業政策』法律文化社 .
矢野晋哉・高山光正・仲尾謙二・藤井聡 , 2009,「 カーシェアリングと自動車利用に関する研究――京都府のカーシェアリング実験事例」『 第 40 回土木計画学研究発表会・講演集』.
矢野晋哉・高山光正・仲尾謙二・藤井聡 , 2011,「カーシェアリングへの加入が交通行動に及ぼす影響分析『土木計画学研究・論文集』28（1）:611-616.

参考資料、統計等

朝日新聞社 , 1961,『自家用車――その実態と意見』.

自動車工業振興会 , 1979,『日本自動車工業史行政記録集』.

京阪神都市圏交通計画協議会 , 2003,『第 4 回京阪神都市圏パーソントリップ調査報告書――京阪神都市圏における総合都市交通体系の確立に向けて』.

警察庁交通局, 1968, 『交通統計 昭和 42 年版』.

警察庁, 各年版, 『運転免許統計』.

国家地方警察京都府本部 , 1952,『交通事故統計 昭和二十七年』.

国土交通省, 2009, 『国土交通白書』.

――――, 2010,『 自動車輸送統計自動車燃料消費量統計年報 平成 22 年度分』.

――――, 各年版 ,『道路統計年報』.

厚生労働省 , 2017,『平成 28 年版障害者白書』.

交通エコロジー・モビリティ財団, 2006, 『カーシェアリングによる環境負荷低減効果及び普及方策検討報告書』.

――――, 2011, 「カーシェアリング」, 交通エコロジー・モビリティ財団ホームページ, (2011 年 7 月 26 日取得, http://www.ecomo.or.jp/environment/carshare/carshare_top.html).

――――, 2013,『カーシェアリングによる環境負荷低減効果の検証報告書』.

――――, 2017, 「わが国のカーシェアリング車両台数と会員数の推移」, 交通エコロジー・モビリティ財団ホームページ, (2018 年 1 月 7 日取得, http://www.ecomo.or.jp/environment/carshare/carshare_graph2017.3.html).

京都府土木建築部 , 1973,『京都府の都市交通の現況』.

京都府 , 2010,『人の動きからみる京都府のいま～第 5 回近畿圏パーソントリップ調査～』.

京都府建設交通部道路建設課 , 2013,『平成 22 年の京都府における人の動きについて～第 5 回近畿圏パーソントリップ調査結果について～』

京都府警察本部 , 各年版 ,『交通統計』.

――――, 各年版 ,『京都の交通』.

――――, 各年版 ,『交通年鑑』.

――――, 1968,『万国博開催に伴う交通上の諸問題について』.

京都府総務部 , 1960,『自動車取得税の概要』.

京都市 , 1973,『建設行政のあゆみ――京都市建設局小史』.

日本道路公団 , 1966,『名神高速道路建設誌』.

日本自動車工業会 , 各年版 ,『自動車統計年表』.

――――, 1995,『モーターサイクルの日本史』山海堂 .
――――, 2008,『2007 年度乗用車市場動向調査』.
――――, 2009,『2008 年度 乗用車市場動向調査――クルマ市場におけるエントリー世代のクルマ意識』.
――――, 2012,『2011 年度乗用車市場動向調査』.
社団法人日本機械工業連合会 , 1963,『乗用車需要分析調査報告書 乗用車個人需要の普及水準と変化の方向 昭和 38 年 10 月』.
――――, 1963,『小型自動車購入動機調査報告書 昭和 38 年 5 月』.
――――, 1958,『自動車市場調査――トラック関係 昭和 33 年 6 月』.
総理府統計局 , 1970,『従業地・通学地(通勤・通学人口および昼間人口)』.
衆議院, 1953,『第 16 回国会衆議院運輸委員会議事録』.
東京都道路整備保全公社 , 2010,『カーシェアリングにおける駐車場活用方策に関する研究』.
トヨタ自動車販売株式会社社史編集委員会 , 1970,『モータリゼーションとともに』トヨタ自動車販売株式会社 .
通商産業大臣官房調査統計部 , 1959,『製造事業所における自動車保有状況調 昭和 33 年』.
――――, 1959,『商業事業所における自動車保有状況調 昭和 33 年』.
横浜市 , 2014,『2014 年 3 月 28 日付け、横浜市役所温暖化対策統括本部プロジェクト推進課プレス資料』.
全国レンタカー協会 , 1991,『レンタカー発展史』.

本書のテキストデータを提供いたします

本書をご購入いただいた方のうち、視覚障害、肢体不自由などの理由で書字へのアクセスが困難な方に本書のテキストデータを提供いたします。希望される方は、以下の方法にしたがってお申し込みください。

◎データの提供形式＝CD-R、フロッピーディスク、メールによるファイル添付（メールアドレスをお知らせください）。

◎データの提供形式・お名前・ご住所を明記した用紙、返信用封筒、下の引換券（コピー不可）および200円切手（メールによるファイル添付をご希望の場合不要）を同封のうえ弊社までお送りください。

●本書内容の複製は点訳・音訳データなど視覚障害の方のための利用に限り認めます。内容の改変や流用、転載、その他営利を目的とした利用はお断りします。

◎あて先
〒160-0008
東京都新宿区三栄町17-2 木原ビル303
生活書院編集部　テキストデータ係

キリトリ線

【引換券】
自動車
カーシェアリングと
自動運転という未来

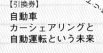

[著者略歴]

仲尾　謙二
（なかお　けんじ）

1963年生まれ。京都府立大学文学部国文学・中国文学科卒業、2015年3月立命館大学大学院先端総合学術研究科単位取得後満期退学。博士（学術）。

1987年京都府入庁、自動車税管理事務所、農村振興課等勤務。総務省近畿総合通信局、京都府環境政策課、交通政策課等勤務を経て2018年京都府退職。現在、立命館大学生存学研究センター客員研究員。

主な論文に「カーシェアリングの利用実態について——京都市における事例をもとに」(2011年、Core ethics)、「運用方式からみたカーシェアリングの普及要因に係る考察」(2012年、Core ethics)　、「カーシェアリングがもたらすもの——利用者の効用に着目した分析」（2013年、Core ethics）など。

自動車　カーシェアリングと自動運転という未来
——脱自動車保有・脱運転免許のシステムへ

発　行———— 2018年9月30日　初版第1刷発行
著　者———— 仲尾 謙二
発行者———— 髙橋　淳
発行所———— 株式会社　生活書院
〒160-0008
東京都新宿区四谷三栄町6-5 木原ビル303
ＴＥＬ 03-3226-1203
ＦＡＸ 03-3226-1204
振替 00170-0-649766
http://www.seikatsushoin.com
印刷・製本—— 株式会社シナノ

Printed in Japan

ISBN 978-4-86500-086-3

定価はカバーに表示してあります。乱丁・落丁本はお取り替えいたします。